イチからはじめる
相続税実務
の基礎

税理士 **鹿志村 裕** 著

税務経理協会

は じ め に

平成27年より基礎控除が下がり，全国の死亡者に対する相続税の課税割合は
4.4％（平成26年）から8.0％（平成27年）に上昇し，さらに8.3％（平成29年）に
なり，申告件数も平成26年の約5.6万件から平成29年で約11万件となっています。

課税割合が増加することは，相続税の申告件数が増加することを意味し，税理士
業務の中で相続税申告業務が増加したことを意味するものです。

相続税は，法人税や所得税と違い，税金申告の経験の少ない相続人にも税理士が
丁寧に対応する税であり，また被相続人や相続人のプライベートなところまで踏み
込んで話を聞く税でもあります。そのためにも，申告者である相続人とは，よく話
し合い信頼関係を構築しながら進める業務であり，特殊な申告業務であるといえる
でしょう。

そこで本書では，第1章の1番初めに「信頼関係構築のための留意点」を説明しな
がら，第1章としての「相続案件を受任する際の留意点」を説明していきます。

その後は作業の流れに合わせて，第3章で「準確定申告の留意点」を説明し，第
4章，第5章で相続財産の資料収集と財産評価を解説して，第6章「遺産分割の進め
方」，第7章「相続税額の計算の流れ」第8章「納税方法の検討」，第9章「相続税申
告書の記載及び添付書類等に関する留意点」と説明を進めてゆきます。

本書「イチからはじめる相続税実務の基礎」は，細かい規定や特殊な評価の解説
は省略しておりますが，相続税申告実務を進めるうえで確認すべき項目，注意すべ
き項目の解説を中心に，税務調査の際の調査官の視点も考慮しながら解説を進めて
おります。

本書が，相続税実務を行う方にとって，参考となるものであればと願っておりま
す。

令和元年9月

鹿志村　裕

CONTENTS

はじめに

第1章　相続案件を受任する際の留意点 …………………… 1

1 信頼関係構築のための留意点 ………………………………………… 2

2 受任時に説明及び確認する内容 …………………………………… 4

3 相続手続きの流れの説明 …………………………………………… 5

4 被相続人についてのヒアリング …………………………………… 8

5 相続人についてのヒアリング ……………………………………… 10

6 被相続人の所有財産の概要の確認（相続財産の概要の調査）………… 12

7 相続税の特例の説明と適用可否の確認 ……………………………… 14

8 自宅を訪ねる ………………………………………………………… 15

第2章　生前贈与・遺言，相続放棄等の基礎知識 ……… 17

1 生前贈与・遺言 ……………………………………………………… 18

2 相続の単純承認・限定承認・相続放棄 …………………………… 23

第3章　準確定申告の留意点 ……………………………… 27

1 準確定申告とは ……………………………………………………… 28

2 準確定申告の計算と申告手続き …………………………………… 29

第4章　相続財産・債務の確認と資料収集 ……………… 41

1 財産・債務の確認の重要性 ………………………………………… 42

2 相続財産・債務の確認の基本 ……………………………………… 43

3 不動産の確認と資料収集 ··· 46

4 現金・預貯金の確認と資料収集 ···································· 54

5 有価証券等の確認と資料収集 ······································ 57

6 生命保険金・退職手当金の確認と資料収集 ················· 59

7 事業用資産・その他の財産の確認と資料収集 ············· 62

8 債務の確認と資料収集 ··· 64

9 葬式費用の確認と資料収集 ··· 66

第5章　相続財産の評価 ································· 67

1 相続税課税価額の基本的な考え方 ································ 68

2 土地の評価 ·· 70

3 家屋の評価 ·· 79

4 上場株式等 ·· 81

5 取引相場のない株式（非上場株式） ··························· 82

6 非上場株式（特定の評価会社の株式） ······················· 85

7 預　貯　金 ·· 88

8 生命保険契約に関する権利 ··· 90

9 その他の財産 ·· 92

第6章　遺産分割の進め方 ······················ 95

1 遺産分割協議のための資料作り ··································· 96

2 分割案作成のための税務上の留意点 ··························· 99

3 分割方法 ·· 102

第7章　相続税額の計算の流れ ············· 105

1 相続税計算の流れの概要 ·· 106

2 各相続人の課税価格の計算 ······································· 107

目　次

3 相続税の総額の計算 …………………………………………………… 110

4 各相続人の相続税額の計算 …………………………………………… 113

第8章　納税方法の検討 ………………………………………… 117

1 相続財産の確認 ………………………………………………………… 118

2 納税方法の検討（財産の売却）……………………………………… 119

3 納税方法の検討（延納・物納）……………………………………… 122

第9章　相続税申告書の記載及び添付書類等に関する留意点 ‥ 125

1 相続税申告書の記載上の留意点 ……………………………………… 126

2 相続税の申告書に添付する一般的な書類 …………………………… 142

3 特例適用のための添付書類 …………………………………………… 144

4 納税手続きである延納，物納の申請のための添付書類 …………… 147

第10章　相続税に関する事前準備と申告後の対応 ……… 149

1 相続税における事前準備 ……………………………………………… 150

2 相続税の申告後の対応 ………………………………………………… 155

3

【凡　例】

　本文中で使用している主な法令等の略語は，次のとおりです。

略語表記	法 令 及 び 通 達 等
相法	相続税法
相令	相続税法施行令
相規	相続税法施行規則
相基通	相続税法基本通達
評基通	財産評価基本通達
措法	租税特別措置法
措令	租税特別措置法施行令
所基通	所得税基本通達
消法	消費税法

　（例）相法12①五　→　相続税法12条1項5号

第1章

相続案件を受任する際の留意点

　第1章では，相続税申告手続きの特殊性から，相続人である依頼人との信頼関係の構築の重要性及び被相続人や相続人についてのヒアリングのポイント，相続手続きの流れを説明します。
　相続税は被相続人のプライベートな話まで聞いて相続財産を把握しなければならない税です。そのプライベートな話を聞く相手は相続人となりますが，依頼者である相続人は当然ですが，依頼者以外の相続人からも信頼を得て進める必要があります。そこでその相続人の信頼関係を得るためのポイントも説明します。
　また相続財産の把握のために，被相続人や相続人にヒアリングをすることになりますが，そのヒアリングのポイントも説明します。
　さらに相続手続きの流れも示し，簡単に解説しています。

第1章 1 信頼関係構築のための留意点

　相続税申告業務は，他の税金申告業務と違い，人の死亡という悲しい出来事がきっかけで始まる業務です。その申告を依頼する相続人は，悲しい思いを秘めながら税理士に依頼するため，依頼を受ける税理士も，慎重な対応が必要となります。また相続税は，被相続人の財産形成過程を含むプライベートな部分まで踏み込みながら話を聞き，課税の対象となる財産を確認する税目でもあるため，依頼者である相続人や，それ以外の相続人からも信頼を得て進める業務です。

　そこで初めに行うべきことは，依頼者を含めた相続人との信頼関係の構築でしょう。この信頼関係は，相続人と何度もお会いして，相続人の疑問や不安を聞き，疑問点に対する丁寧な説明や，不安な点の解消策の検討などの対応から構築されてくるものであると思われます。

　日本税理士会連合会における「税理士の専門家責任を実現するための100の提案改訂版　資産税　必要書類のチェックリストの活用」においても，相続税案件の特殊性を踏まえて，下記の「相続税事案についての留意点（一部)」を示していますので参考にしていただきたいと思います。

相続税事案についての留意点（一部抜粋）

　単発的関与になる相続税の申告は，自分のクライアントに限らず他の紹介者からの依頼が少なくありません。依頼者とのトラブルの多くは，依頼者とのコミュニケーション不足によって起きるものが多く見られます。土地等で未登記のものや，先代名義のものがある場合などのように，登記簿謄本や固定資産税評価証明を見ても出てこない財産もあるわけです。

　依頼者と十分コミュニケーションをとり，聞きもれがないように相続税の申告のためのチェックシート（税務署作成）を利用して，依頼者と一緒にチェックし，申告に必要な資料や情報の重要性，申告に当たっての留意事項，税務上の考え方等を認識させながら依頼者との信頼関係を構築してください。後日，「確認されていれば説明できたのに……。」などと言われないよう確認のもれをなくす事です。（以下省略）

第1章　相続案件を受任する際の留意点

〔参考〕

相続税の申告のためのチェックシート（一部）

相続税の申告のためのチェックシート（平成31年分以降用）

このチェックシートは、相続税の申告書等が正しく作成されるよう、一般に誤りやすい事項をまとめたものです。
申告書作成に際して、検討の上、申告書等に添付してご提出くださるようお願いいたします。

なお、国税庁ホームページ【www.nta.go.jp】には、相続税に関する具体的な計算方法や申告の手続などの詳しい情報を記載した「相続税の申告のしかた」を掲載しておりますのでご利用ください。

また、非上場株式等についての相続税の納税猶予の特例の適用を受ける場合は、「『非上場株式等についての相続税の納税猶予及び免除の特例』（特例措置）の適用要件チェックシート」等、個人の事業用資産についての相続税の納税猶予の特例の適用を受ける場合は、「『個人の事業用資産についての相続税の納税猶予及び免除』の適用要件チェックシート」等の確認もお願いいたします（国税庁ホームページ【www.nta.go.jp】に掲載しています。）。

区分	検討項目	検討内容	検討済（レ）	検討資料	検討資料（又は写し）の添付
相続財産の分割等		① 遺言書がありますか。	□	○ 家庭裁判所の検認を受けた遺言書又は公正証書による遺言書の写し	有（　部）・無
		② 相続人に未成年者はいませんか。	□	○ 特別代理人選任の審判の証明書	有（　部）・無
		③ 戸籍の謄本等がありますか。	□	○ 戸籍の謄本等（注1）	有（　部）・無
		④ 遺産分割協議書がありますか。	□	○ 遺産分割協議書の写し、各相続人の印鑑証明書（注2）	有（　部）・無
相続財産	不動産	① 未登記不動産はありませんか。	□	○ 所有不動産を証明するもの（固定資産税評価証明書、登記事項証明書等）	有（　部）・無
		② 共有不動産はありませんか。	□		有（　部）・無
		③ 先代名義の不動産はありませんか。	□		有（　部）・無
		④ 他の市区町村に所在する不動産はありませんか。	□		有（　部）・無
		⑤ 日本国外に所在する不動産はありませんか。	□		有（　部）・無
		⑥ 他人の土地の上に存する建物（借地権）及び他人の農地を小作（耕作権）しているものはありませんか。	□	○ 賃貸借契約書、小作に付されている旨の農業委員会の証明書	有（　部）・無
		⑦ 貸付地について、「土地の無償返還に関する届出書」は提出されていませんか。	□	○ 土地の無償返還に関する届出書	
		⑧ 土地に縄延びはありませんか。	□	○ 実測図等	
	事業（農業）用財産	○ 事業用財産又は農業用財産の計上漏れはありませんか。	□	○ 資産・負債の残高表、所得税青色申告決算書・収支内訳書	有（　部）・無
	有価証券	① 株式・出資・公社債・貸付信託・証券投資信託の受益証券等の計上漏れはありませんか。	□	○ 証券、株券、通帳又はその預り証	有（　部）・無
		② 名義は異なるが、被相続人に帰属するものはありませんか（無記名の有価証券も含みます。）。	□	○ 証券、株券又はその預り証	有（　部）・無
		③ 増資等による株式の増加分や端株についての計上漏れはありませんか。	□	○ 配当金支払通知書（保有株数表示）	有（　部）・無
		④ 株式の割当を受ける権利、配当期待権はありませんか。	□	○ 評価明細書等	有（　部）・無
		⑤ 日本国外の有価証券はありませんか。	□		有（　部）・無
	現金・預貯金	① 相続開始日現在の残高で計上していますか。（現金の残高も確認しましたか。）	□	○ 預貯金・金銭信託等の残高証明書、預貯金通帳等	有（　部）・無
		② 郵便貯金も計上していますか。	□		有（　部）・無
		③ 名義は異なるが、被相続人に帰属するものはありませんか（無記名の預金も含みます。）。	□		有（　部）・無
		④ 日本国外の預貯金はありませんか。	□		有（　部）・無
		⑤ 既経過利息の計算は行っていますか。利息は、相続開始日に解約するとした場合の利率で計算し、その額から源泉徴収税相当額を控除します。	□		
	家庭用財産	○ 家庭用財産の計上漏れはありませんか。	□		有（　部）・無
	生命保険金・退職手当金等	① 生命保険金の計上漏れはありませんか。	□	○ 保険証券、支払保険料計算書、所得税及び復興特別所得税の確定申告書（控）	有（　部）・無
		② 生命保険契約に関する権利の計上漏れはありませんか。	□		有（　部）・無
		③ 契約者が家族名義などで、被相続人が保険料を負担していた生命保険契約はありませんか。	□		有（　部）・無
		④ 退職手当金の計上漏れはありませんか。	□	○ 退職金の支払調書、取締役会議事録等	有（　部）・無
		⑤ 弔慰金、花輪代、葬儀料等の支給を受けていませんか（退職手当金等に該当するものはありませんか。）。	□		有（　部）・無

※次頁に続く。

被相続人氏名　＿＿＿＿＿＿＿＿＿

相続人代表

住　　所　＿＿＿＿＿＿＿＿＿＿＿＿＿

氏　　名　＿＿＿＿＿＿＿＿＿＿＿＿＿

電話　　（　　　）

関与税理士	所在地		
	氏名		電話

（資4-81-1-A4統一）

3

2 受任時に説明及び確認する内容

　相続税申告の依頼者は，被相続人の死亡した日と死亡時の年齢から話し始めるものです。その後は死亡した原因や死亡直前の話をされるようになります。しかし一通り話された後は，「今後どうすればよいか」というような，不安に思うことを相談されるものです。この場合，まずは不安に思うことの相談に乗り，その不安を解消させて，その後で各種の確認をしてゆく方がよいと思われます。

　なお相続案件の受任時に，申告に必要なすべての情報を確認することは無理なことです。そのため，何度か面談して，話を聞きながら確認することになるでしょう。

　具体的に説明したり話を聞く項目は，下記の表のとおりです。

図表　受任時に説明及び確認する項目・確認事項

項　目	確認事項
相続手続きの流れの説明	今後の相続手続きの概要を説明し，いつ，何を行うかをイメージしてもらいます。
被相続人についてのヒアリング	被相続人の生まれ，職業（職歴），趣味などを聞きながら，財産形成を想定し，相続財産調査のヒントを得ます。
相続人についてのヒアリング	相続人の現時点までの生い立ちや現在の住まいについて話を聞き，生前贈与等の確認，被相続人との同居の有無の確認等をします。
被相続人の所有財産の概要の確認	相続税の対象となる財産を説明しながら，被相続人の所有財産の概要を確認します。
相続税の特例の説明と適用可否の確認	相続税の特例の説明をしながら，事業の後継者や相続財産の取得予定者を確認し，特例適用の有無の検討材料とします。

第1章　相続案件を受任する際の留意点

| 第1章 | **3** | # 相続手続きの流れの説明 |

　一般的に親の相続は，人生で2回しか経験しないものであり，弁護士や税理士以外，相続に慣れている相続人はいないものです。その相続に慣れていない相続人は，今後のことが不安になるものです。その不安の1つには相続手続きがあり，財産の引継ぎ（相続財産の取得）を含めてどうすればよいのかが分からない相続人も多いでしょう。そこで，今後の相続手続きにおいて，「いつ，何を」するかを説明し，相続人の不安を取り除くことが大切です。

　一般的な相続手続きの流れやその手続きの時期などは次のとおりです。

(1) 1か月から2か月以内

・被相続人の出生から死亡までの戸籍を取り寄せ，法定相続人の調査

・遺言書の確認等（公証役場に確認，自筆証書遺言の検認手続き）

　　自筆証書遺言については，2020年7月10日より，法務局による保管が開始し，保管された遺言書については，公正証書遺言と同様に検認が不要となります。

・財産・債務の概要調査

・遺被相続人の税務関係の届出（被相続人の事業廃止の届出，消費税の死亡届出など）

・相続人の税務関係の届出（相続人の所得税，消費税の事業開始の届出など）

(2) 3か月以内

　相続放棄・限定承認の手続き（自己のために相続の開始があったことを知った時から3か月以内（民法915））

(3) 4か月以内

　死亡した年分の所得税・消費税の準確定申告（相続の開始があつたことを知った日の翌日から4か月以内（所法125，消法45③））

5

(4) ３か月から６か月以内

- ・財産・債務の調査（財産の詳細な調査を行い財産・債務の確定）
- ・財産評価（確定した財産の評価）
- ・相続税の概算計算（財産評価に基づき，相続税の概算額の算定）
- ・遺産分割の準備（財産評価に基づき財産リストを作成し，相続人による遺産分割の検討）
- ・納税資金，納税方法の検討（不動産の売却による納税資金の準備の検討，相続税の延納，物納の検討）

(5) ７か月から９か月以内

- ・遺産分割協議書の作成
- ・各種財産，債務の名義の変更（不動産，預金，有価証券など）

(6) ９か月から10か月以内

- ・相続税申告書の提出及び相続税額の納付（相続の開始があったことを知った日の翌日から10か月以内（相法27））
- ・相続税の延納申請書，物納申請書の提出（相続税の納期限又は納付すべき日（相法39，42））

図表　相続手続きの流れの図

上記手続き以外に，次の手続きも必要となるので留意しておきましょう。

- ・死亡届の提出（死亡者の死亡地，本籍地又は届出人の所在地の市役所，区役所，

第1章　相続案件を受任する際の留意点

町村役場に，死亡の事実を知った日から7日以内に提出）

・年金受給権者死亡届の提出（国民年金は死亡から14日以内，厚生年金は死亡から10日以内）

・会社役員の死亡に伴う役員変更登記（死亡から2週間以内）

第1章 4 被相続人についてのヒアリング

　被相続人の生前のことを聞くことは，相続財産を調査する際のヒントとなる内容を確認することにつながります。そのため生前の話（被相続人の生涯の話）を聞くことは，とても大切なことです。しかし，プライベートな内容にも踏み込んで話を聞くこともあるため，その時の確認の仕方は慎重さが必要です。

　なお一般的な被相続人についてのヒアリングの内容は，次のとおりです。

(1) 死亡原因の確認

　死亡の原因が事故の場合，死亡直前まで普通の生活をしていたことになり，相続人も死を想定した行動はしていませんが，死亡の原因が病気の場合，死を想定して預金を引き出すなどの行動を起こしている可能性があります。この場合，預金を引き出すことが悪いわけではありませんが，引き出された預金の残額が相続財産となるため後日相続人への残額の確認が必要です。

　そこで，ヒアリングにおいて死亡の原因や入院期間などの確認は必要です。

(2) 出身地の確認

　出身地が，現在住んでいる地域と違う場合，出身地に財産があるかもしれないため，ヒアリングにおいて出身地の確認は必要です。

(3) 死亡直前の住まいの確認

　死亡直前の住まいが，自宅か施設かによって，相続税の特例である小規模宅地等の減額の適用要件が違う場合があります。そのためヒアリングにおいて死亡直前の住まいの確認が必要です。この場合，被相続人が有料老人ホーム等に入所しているときは，現在住んでいない家屋の敷地について，一定の要件を満たせば，被相続人の居住用宅地として小規模宅地の特例を適用が可能となります。この一定の要件は「要介護認定又は要支援認定を受けていた被相続人が有料老人ホーム等に入所している場合」であるため，要介護認定又は要支援認定を受けていたかの確認も必要です。

8

また小規模宅地等の減額の適用要件に，被相続人の居住用宅地の取得者の要件もあるため，被相続人が住んでいた不動産を誰が相続する予定かもヒアリングしておいた方が良いと思われます。

(4) 生前の職業の確認

被相続人の職歴をヒアリングすることで，被相続人の財産形成の過程が分かってくる場合があります。例えば被相続人が会社員であれば，退職金をベースに財産が構築されていたり，同族会社の役員であれば，役員報酬を基に財産が構築されていたりする可能性があります。

また，死亡直前まで仕事に従事していた場合，死亡退職金の有無の確認も必要です。

(5) 趣味についての確認

被相続人の趣味が魚釣りの場合，豪華なクルーザー所有していることも考えられます。このように趣味によっては，その趣味に関連する財産が存在する可能性もあります。そこで被相続人の生前の趣味をヒアリングして，趣味に関連する財産についてのヒントを確認します。

(6) 相続人の確認

確認しづらいことではありますが，前妻との間の子供など，一般的に想像できる相続人以外に相続人がいないかの確認は必要です。相続税の計算においては，相続人の数も大切な計算要素であり，また遺産分割協議においても，相続人を間違えると有効に成立しないため，相続人の確認は大切な事項です。そのためまずは被相続人についてのヒアリング時に話を聞いておき，改めて戸籍等で正確に確認します。

(7) 遺言の確認

遺言は被相続人の最後の意思を記載した書面です。遺言の有無の確認は，相続人の取得財産の確認だけでなく，遺贈により財産を取得する法定相続人以外の者の確認にも通じることです。その遺言が有効な遺言か否かも含めて，相続人に対してヒアリングが必要です。

第1章 5 相続人についてのヒアリング

　相続人についてのヒアリングでは，相続人の年齢，障害者の有無，現在の住所（日本か海外か），実子か養子か，相続人に対する生前贈与の有無，相続開始時に被相続人と同居していたか否かが確認ポイントとなります。

(1) 相続人の年齢，障害者の有無

　年齢や障害者の有無は，未成年者控除，障害者控除の対象者の確認のためです。

　また障害者控除は，障害の程度により控除額が違うので，障害の程度も聞いておくべきです。

(2) 相続人の現在の住所

　相続人の現在の住所の確認は，相続人の納税義務の範囲の確認や，住所地の印鑑登録の有無の確認です。

　海外に住所があり日本に住民登録がされていない相続人の場合，印鑑登録がされていません。そうすると将来，分割協議書作成時に印鑑証明が準備できず，相続人の海外の住所地の領事館等でサイン証明を取得しなければならなくなります。この場合，サイン証明の取得に時間を要すことになるため，あらかじめ確認し，時間がかかることを考慮した申告作業のスケジュールを検討しておきます。

(3) 相続人に対する生前贈与の有無

　相続人に対する生前贈与については，相続税の計算に関係するため，正確に確認し，贈与税の申告がされている贈与であれば，その申告書の控えを確認します。

　また，相続時精算課税の適用についても確認しておくべきです。

(4) 相続開始時に被相続人と同居していたか否か

　被相続人と同居していた親族の確認も重要です。

　被相続人との同居の有無の確認は，小規模宅地の特例適用の要件確認時に必要となるため，事前に確認しておきます。

(5) 税務調査時の確認事項の確認

　税務調査時には，被相続人のことだけでなく，配偶者や子である相続人及びその相続人の子供（被相続人の孫）の学歴，職歴まで確認されることがあります。職歴を確認するのは，その職歴に応じた収入を推定し，相続人の財産形成過程を確認するためで，これは被相続人から財産が移転していないかを確認するためです。また，相続人の子供の学歴を確認するのは，被相続人から孫に対して学費援助等がないかの確認です。配偶者についても，税務調査時に被相続人から配偶者に財産の移転がないかの確認がされます。ただ配偶者の場合，配偶者の親の相続により配偶者固有の財産が存在する場合もあるので，配偶者の財産形成については，親からの相続も考慮して確認されることになります。

　このように税務調査で確認される項目は，申告の依頼を受ける税理士においても事前に確認をしておくべきです。申告業務の受任時に，被相続人の経歴を確認する際，一緒に確認しましょう。

| 第1章 | 6 | 被相続人の所有財産の概要の確認 （相続財産の概要の調査） |

　相続人は何が相続税の対象となる財産かもわからないものです。そのため，様々な角度から確認する必要があります。一般的な財産確認方法をとる以外に，例えば被相続人についてのヒアリングでヒントを得た内容からも確認します。

(1)　一般的な財産確認方法

　被相続人の所有財産の概要の確認であるため，下記に示すような一般的に考えられる資料から確認していくことになります。

① 固定資産税の納税通知書から，所有不動産やその所在する市区町村を確認します。なおのちに名寄せや評価証明を取り寄せることになるため，この段階で所有不動産が所在する市町村を漏れなく確認しましょう。

② 手元にある通帳や定期預金証書，借入の返済明細などから，取引口座のある金融機関を確認します。のちに残高証明書を発行してもらうことになるので，預金口座はあるが最近取引をしていない金融機関であっても確認します。

③ 証券会社から送られてくる報告書や，確定申告書添付の「特定口座年間取引報告書」などより，有価証券の所有の有無及び取引している証券会社を確認します。この場合，銀行と同様のちに残高証明書を発行してもらうことになるので，漏れのないように確認します。

④ 被相続人が経営している非上場会社の申告書から，被相続人が所有するその会社の株式や，被相続人に対する貸付金，借入金，未収入金，未払金などを確認します。

⑤ 通帳に記帳されている保険料の支払いから，生命保険等の契約はあるかを確認します。

(2)　ヒアリングで得たヒントからの確認

　被相続人についてのヒアリングで様々な話を聞き，所有財産に関連するヒントを聞き出したら，そのヒントとなる情報に基づき，さらに深く確認します。

　例えば下記のヒントで，それぞれの財産が想像されます。

① 死亡直前の住まいが施設の場合，施設入居時に保証金を預けていることが想像されるため，入居保証金等の預け金があるかを確認します。

② 死亡原因が病気である場合，葬儀費用の準備や死亡後には預金がおろせなくなるため，死亡直前に被相続人の預金から現金を引き出されることがあります。被相続人の死亡時のこの現金の残額を確認します。

　なお，死亡原因が事故の場合は，直前まで元気であるため，葬儀等の準備のために事前に現金をおろすことは考えられないと思われます。

③ 死亡の場所が病院である場合，最後に支払う医療費は死亡後ですが，債務控除の対象となるため，領収書等の確認が必要です。

④ 被相続人が死亡直前まで，次の職業に従事していた場合，それぞれ次の財産の存在が想像できます。
・個人事業主であった場合は，事業用資産
・会社経営者又は会社員であった場合は，死亡退職金
・学者，研究者であった場合は，特許権等の知的財産権

⑤ 被相続人が次の趣味を持っていた場合，それぞれ次の財産の存在が想像できます。
・趣味がゴルフならゴルフ会員権
・趣味が釣りなら船やヨット
・趣味が旅行ならリゾートクラブの会員権
・趣味が茶道なら茶道具や着物
・趣味が絵なら高価な絵画

⑥ 被相続人の親が資産家であった場合，親からの相続により財産を承継したことが想像できるため，その時の相続税申告書等より親から承継した財産・債務を確認します。また親からの相続が10年以内である場合には，相次相続控除が適用できるため，親の相続から何年経過したかも一緒に確認するべきです。

⑦ 被相続人が女性であれば，貴金属や着物などの財産が想像されるため，貴金属や高額の着物がないかを確認します。特に最近購入したものはないかを確認します。

第1章 7 相続税の特例の説明と適用可否の確認

　相続税の特例は多数存在しますが，一般的に確認すべきなのは，納税猶予制度の特例及び小規模宅地の減額特例でしょう。それぞれの特例は，相続人の中でも適用対象者が限定され，その対象者が財産を取得しないと適用できません。そのため，特例の内容を説明して，事業の後継者や相続財産の取得予定者を確認し，適用の有無の検討材料とします。受任時には財産取得者がまだ決まられていない場合に，特例適用者が財産を取得すると税額が抑えられる旨を説明し，遺産分割を検討する際の材料にしてもらう目的もあります。

　なお，受任時に確認することは，次のとおりです。

① 　同族関係会社がある場合又は被相続人が個人事業者であった場合には，事業承継税制の納税猶予制度の適用を確認するため，株主構成や後継者の確認，都道府県の認定の確認

② 　被相続人が農業を営んでいた場合には，農地等の納税猶予制度の適用を確認するため，農業相続人の確認

③ 　居住用宅地について，小規模宅地の減額特例の適用を確認するため，被相続人の相続開始直前の住居，同居していた親族，自宅敷地の取得予定者の確認

④ 　被相続人が個人事業主であった場合には，事業用宅地等について小規模宅地の減額特例の適用を確認するため，事業を承継する相続人の確認，及び事業を行っていた場所の敷地の取得予定者の確認

第1章 8 自宅を訪ねる

　相続案件を受任したならば，少なくても一度は被相続人の自宅を訪ねます。自宅を訪ねることにより，庭園設備や客間に飾られた書画，骨董などを確認できるからです。また，財産確認だけではなく，表札等から同居親族の確認もできます。

　税務調査の際，調査官は必ず被相続人の自宅を訪ねて，自宅で調査を行うことになります。自宅を訪ねておくことは，その事前準備にもなるので，必ず訪ねておきます。

　なお，上記で示した確認事項を，一度の面談で行うことは不可能であると思われます。また，一度に質問しても，相続人も混乱してしまい，正確な回答が得られない場合もあります。

　依頼された相続人には，何度かお会いして，何回かに分けて質問していきます。

第2章

生前贈与・遺言，相続放棄等の基礎知識

　第1章では相続案件を受任した際の，相続人との信頼関係構築のための留意点及び相続財産の概要の確認方法などを説明しました。
　第2章では，その相続人の財産取得の一形態である生前贈与，遺言，限定承認，相続放棄について解説します。
　相続人の財産取得の方法は，単純な相続による取得（単純承認）だけではなく，被相続人から生前に贈与による取得や，遺言による取得，財産債務を限定した取得などがあり，被相続人からの3年以内の贈与は相続財産に加算する規定や，相続人以外が遺言で財産取得をした場合の相続税額の2割加算など，取得の形態により相続税の扱いが違う場合があるため，第2章では各取得形態の基礎などを解説します。

第2章	1	生前贈与・遺言

1 生前贈与

(1) 贈与とは

贈与とは，自分の財産を無償で相手に与える行為で，相手がその財産をもらうことを受諾することによって成立するものです。

> **参考：民法549条**
>
> （贈与）
>
> 贈与は，当事者の一方が自己の財産を無償で相手方に与える意思を表示し，相手方が受諾をすることによって，その効力を生ずる。

自分の財産とは，物（物権）だけではなく債権なども含まれます。

また贈与税においては，物権や債権の贈与だけではなく，債務の免除などにより利益を受けた場合や，個人から著しく低い価額の対価で財産を譲り受けた場合の差額，その他経済的利益の供与を受けた場合も，贈与ととらえて課税の対象となります。

(2) 贈与税の課税方法

① 暦年課税制度の贈与

暦年課税制度による贈与税の課税は，贈与を受けた者が1月1日から12月31日までの1年間に受贈した財産の合計額から，基礎控除額の110万円を差し引いた残りの額に対して課税される課税方法です。

② 相続時精算課税制度の贈与

相続時精算課税制度による贈与税の課税は，贈与を受けた者がこの制度を選択した年から，毎年の受贈額を累積し，2,500万円までは課税せず，2,500万円を超える分については一律20％の贈与税を課税する課税方法です。

なお，この制度の選択は贈与者ごとにできます。

第2章　生前贈与・遺言，相続放棄等の基礎知識

(3)　暦年課税制度の贈与と相続税

　暦年課税制度により贈与を受けた財産については，将来その贈与者の死亡に基づく相続税においては相続財産とはならず，相続税の計算に影響は及ぼしません。

　しかし，その相続において財産を取得する者が，その相続開始前3年以内に被相続人から贈与により財産を取得した場合には，その財産の価額（贈与時の価額）を，相続税の課税価格に加算して相続税を計算することになります。なお，贈与時に納めた贈与税は，相続税から控除することになります（相法19）。

(4)　相続時精算課税制度の贈与と相続税

　相続時精算課税制度により贈与を受けた財産については，将来その贈与者の死亡に基づく相続税において，この制度を選択した後に取得した財産全てについて，その取得した財産の価額（贈与時の価額）を，相続税の課税価格に加算して相続税を計算し，贈与時に納めた贈与税額は相続税額から控除することになります（相法21の15）。

　なお，相続時精算課税制度の適用を受けている受贈者が，その贈与者の相続について，財産を取得しなかった場合でも，相続時精算課税制度により贈与を受けた財産については，相続又は遺贈により取得したものとみなして，相続税が課税されます。

(5)　相続税申告における確認点

①　暦年課税制度の贈与について

　相続税の申告時に暦年課税制度の贈与については，相続開始前3年以内に被相続人から贈与があったかを確認することになります。その際，贈与税の申告をしていれば，その申告書の控えを確認することになりますが，基礎控除以下の贈与で申告が必要のない贈与についても，相続開始前3年以内であれば，相続財産への加算対象贈与ですので，相続人へ確認が必要です。

　なお被相続人から相続開始前3年以内の贈与であっても，次の贈与については，相続財産への加算対象贈与ではないため，更なる注意が必要でしょう。

　　・贈与税の配偶者控除の特例の適用を受けた又は受ける金額。

　　・直系尊属から贈与を受けた住宅取得等資金のうち，非課税の適用を受けた金額。

・直系尊属から教育資金の一括贈与を受けた金額のうち，非課税の適用を受けた金額。なお一括贈与から3年以内の教育資金管理残高については，一定金額が相続税の対象となる場合があります。

・直系尊属から結婚・子育て資金の一括贈与を受けた金額のうち，非課税の適用を受けた金額。なお契約期間中に贈与者が死亡した場合には，その時点の残額が相続税の対象となります。

② 相続時精算課税制度の贈与について

　相続税の申告時に相続時精算課税制度の贈与については，相続時精算課税制度を選択してから相続開始時までに受けた贈与財産を，すべて贈与時の価額で相続税の課税価格に加算するため，相続時精算課税制度の贈与に係る贈与税の申告書をすべて確認する必要があります。

　相続時精算課税制度を選択しようとする受贈者は，最初の贈与の申告書の提出期限（贈与の翌年の3月15日）までの間に「相続時精算課税選択届出書」を提出することとされています。よって，まずはその届出書を確認します。

　申告書や届出書が見つからない相続人については，所轄税務署に申告書や届出書の閲覧を申請して，確認するようにします。また閲覧申請に際し，本人確認書類等が必要となると思われるため，事前に準備書類等の確認も必要です。

　なお被相続人からの贈与であっても，次の贈与については，相続時精算課税制度を選択している場合でも，相続財産への加算対象贈与ではないため，更なる注意が必要でしょう。

・直系尊属から贈与を受けた住宅取得等資金のうち，非課税の適用を受けた金額。

・直系尊属から教育資金の一括贈与を受けた金額のうち，非課税の適用を受けた金額。なお一括贈与から3年以内の教育資金管理残高については，一定金額が相続税の対象となる場合があります。

・直系尊属から結婚・子育て資金の一括贈与を受けた金額のうち，非課税の適用を受けた金額。なお契約期間中に贈与者が死亡した場合には，その時点の残額が相続税の対象となります。

② 遺　言

(1) 遺言とは

　遺言とは，自分が死んだ後その効力を発生させる目的で，あらかじめ書き残しておく書面であり，被相続人の最終の意思表示です。

　遺言でできることは，財産の処分（遺贈，寄付行為，信託設定）だけではなく，相続に関すること（推定相続人の廃除等，相続分の指定等，遺産分割方法の指定等），身分に関すること（認知，未成年後見人の指定，後見監督人の指定），遺言執行者の指定又は指定の委託，祭祀承継者の指定などがあります。

(2) 遺言の種類と特徴

　遺言には，普通の方式の遺言として，「自筆証書遺言」「公正証書遺言」「秘密証書遺言」の3種類があります。以下それぞれの遺言の特徴について簡単に説明します。

① 自筆証書遺言

　自筆証書遺言とは，遺言書本文を遺言者自身が自筆する遺言（民法968）で，ワープロや他人の代筆では無効となります。ただし自筆証書遺言のうち，財産目録（財産をまとめたもの）については，パソコンで作成したり，貯金通帳の写しを添付したりする方法が認められます。

　さらに，遺言を書いた日付を記載し，署名，押印して保管しておくものです。日付を記載するのは，自筆証書遺言が何通か発見された際，一番新しい遺言を有効な遺言にするためです。

　特徴としては，自分で全文を自筆する遺言であるため，書き換えが簡単にでき，費用がかかりませんが，相続人による偽造や隠匿がされやすい遺言です。

② 公正証書遺言

　公正証書遺言とは，公証役場で公証人に作成してもらう遺言（民法969）で，確実に有効となる遺言です。作成には公証役場に2人の証人と出向き，遺言者が口頭で遺言内容を述べて，公証人が筆記し，筆記された遺言を遺言者と証人が確認して署名押印し，さらに公証人が署名押印して完成します。

　特徴としては，確実に有効となる遺言ですが，時間と費用がかかる遺言です。また公正証書遺言は，正本は遺言者が保管しますが，原本は公証役場で保管されるた

め，紛失や相続人による偽造，隠匿の恐れもありません。

③ 秘密証書遺言

　秘密証書遺言とは，遺言の内容は秘密にして，遺言の存在を公証人に証明してもらう遺言（民法970）です。作成は，遺言者が遺言書を作成して署名押印し，その証書を封じ証書に用いた印章をもって封印します。次に公証人1人及び証人2人以上の前に封書を提出して，自己の遺言書である旨並びにその筆者の氏名及び住所を申述します。さらに公証人が，その証書を提出した日付及び遺言者の申述を封紙に記載した後，遺言者及び証人とともにこれに署名し，印を押して完成します。遺言書本紙の作成は，署名押印がされていれば自筆でなくてもワープロや代筆での作成でも可能です。

　この秘密証書遺言は，遺言者自ら保管するため，紛失等の恐れのある遺言です。

(3)　遺言の確認手続き

　被相続人の遺言書が発見されたら，勝手に開封することはできません。遺言書の存在や内容を知らせる目的などから，家庭裁判所の検認を受ける必要があります。特に封印されている遺言書の場合には，家庭裁判所において相続人やその代理人の立ち会いのもとで開封することになるので注意が必要です。

　なお公正証書遺言の場合は，公証人が立会いのもとに行われるため，家庭裁判所にて開封をする必要はありません。公証役場に死亡した旨を届けて，遺言の確認手続きを進めることになります。

第2章　生前贈与・遺言，相続放棄等の基礎知識

| 第2章 | 2 | 相続の単純承認・限定承認・相続放棄 |

　被相続人の財産債務を承継する方法として，単純承認と限定承認があります。また被相続人の財産を一切相続しない手続きとしては，相続放棄があります。この限定承認と相続放棄は，相続人の相続に対する意思表示です。

　この単純承認，限定承認，相続放棄について，基礎的な内容を解説します。

1　単純承認とは

　単純承認とは，被相続人の財産や債務をすべて受け継ぐ承継方法です。一般的な相続の方法であり単純承認するにあたり特別な手続きはありません。

　被相続人の財産について債務が多くマイナスであった場合に，この単純承認による相続方法では，そのマイナスを相続して，相続人が自己の財産で被相続人の債務を返済することになります。

2　限定承認とは

　限定承認とは，相続によって得た財産を限度として，被相続人の債務を受け継ぐ方法であり，被相続人の財産がプラスなのかマイナスなのかわからない場合に行う方法です。

　仮に被相続人の財産について債務が多くマイナスであった場合に，この限定承認による相続方法では，相続財産を超える債務は相続しなくて済むため，相続人が自己の財産から債務を返済しなくて済みます。

　この限定承認の手続きは，相続の開始があったことを知った時から3か月以内に相続人全員で家庭裁判所に申立てをします。ただ相続人が複数いる場合，誰か1人でも放棄や単純承認をすると，限定承認を行うことが出来ないので，相続人間の意思統一が必要です。

③ 相続放棄とは

　相続放棄とは，被相続人の財産債務を一切受け継がない相続方法です。そのため被相続人の債務を承継することはありませんが，財産も相続しないことになります。

　この相続放棄の手続きは，限定承認と同様，相続の開始があったことを知った時から3か月以内に家庭裁判所に申立てをすることになります。また相続人が複数いる場合でも，相続放棄は1人でできる手続きです。

④ 相続放棄と相続税の計算

　相続の放棄をした場合には，その放棄をした者は，初めから相続人とならなかったものとみなされます（民法939）。しかし相続税の計算においては，下記のとおり，相続放棄した者について特別の取扱いがされるため，注意が必要です。

(1) 基礎控除の計算

　遺産に係る基礎控除の計算は，「法定相続人の数」を利用して計算することになります。この場合「法定相続人」については，民法に規定する相続人をいいますが，法定相続人のなかに相続の放棄をした者がいた場合においても，その放棄をしなかったものとした場合の相続人をいうこととされています（相法15②）。

(2) 生命保険金，退職手当金の非課税

　生命保険金や退職手当金の非課税金額の計算は，500万円に「法定相続人の数」を乗じて計算することになります。この場合「法定相続人の数」とは，相続を放棄した者があっても，その放棄がなかったものとした場合の相続人の数をいいます（相法12①五，六）。

　しかし非課税額を各人に割り振る際には，相続の放棄を行った者は対象とはならず，非課税制度は適用されません。

(3) 債 務 控 除

　相続税は，財産額から債務を控除して，純財産額に対して課税がされます。ここ

で債務控除は，相続人及び包括受遺者に限って適用されるため，相続を放棄した者は債務控除の適用がされません。

しかし相続を放棄した者が，被相続人の葬式費用を負担した場合において，その者が遺贈によって取得した財産の価額からその葬式費用を控除しても差し支えない取扱いになっています（相基通13－1）。

(4) 未成年者控除

未成年者が相続を放棄した場合でも，遺贈により財産を取得している場合には，未成年者控除が適用できます（相基通19の3－1）。

(5) 相次相続控除

相次相続控除は，10年以内に相次いで相続が生じた場合に適用できる控除ですが，相続を放棄した者が遺贈により財産を取得した場合であっても，相次相続控除の適用はされない取扱いとなっています（相基通20－1）。

第3章

準確定申告の留意点

　第1章，第2章では，相続人との接し方，及び相続財産の取得方法など，少々抽象的又は理論的な説明をしましたが，第3章は，実務的な話をしていきます。内容は相続税申告とセットで申告依頼がある準確定申告について説明です。

　準確定申告は，被相続人の所得税の申告ですが，所得の源泉である財産を確認する上で重要な作業でもあります。また計算方法は通常の確定申告と同じですが，計算期間が1年未満で，申告時期も通常の確定申告とは違うため，申告に添付する資料の準備にも手続さが必要になります。さらに申告手続き上相続人全員の名前を記載した書類を準備して申告するなど特別な手続きもあります。

　第3章では，これらの手続き等について解説していきます。

| 第3章 | 1 | 準確定申告とは |

1 準確定申告とは

　年の途中で死亡した人の，その年1月1日から死亡日までの所得にかかる所得税については，死亡した人の相続人が申告し，税金を精算することになります。この申告を準確定申告といいます。なお準確定申告は，相続の開始があったことを知った日の翌日から4か月以内に行うことになります。

　また，死亡した年の申告だけではなく，死亡した年の前年の確定申告書を提出する前に死亡した場合（1月1日から3月15日までに死亡した場合），その前年の確定申告書も準確定申告書となり，申告期限は3月15日ではなく，相続の開始があったことを知った日の翌日から4か月が申告期限となります。

2 準確定申告の準備

　準確定申告の場合，年の途中である死亡日で区切って申告を行うため，通常の確定申告に向けて送付される「公的年金の源泉徴収票」や「生命保険料控除証明書」「地震保険料控除証明書」などは送られてきません。そのため，公的年金の支払い内容を伝える通知や，生命保険の保険料の領収書などを準備する必要があります。

　なお日本年金機構では，申請があれば準確定申告のために「公的年金の源泉徴収票」を発行してくれますので，早めに申請して準備した方が良いでしょう。

　また，証券会社で特定口座を開設して取引している場合，通常の確定申告であれば，証券会社から「特定口座年間取引報告書」が届きその資料の基づき計算等を行いますが，準確定申告のように年の途中では「特定口座年間取引報告書」は届きません。この場合相続手続きのことも含めて，証券会社に相談して，準確定申告の計算ができる資料等を提供してもらいます。

第3章　準確定申告の留意点

| 第3章 | **2** | **準確定申告の計算と申告手続き** |

1　準確定申告の計算上の留意点

準確定申告の計算を進める上で，主に注意すべき点は下記のとおりです。

(1)　収入金額について

準確定申告の場合，年の途中で区切られるため，収入金額については収益計上時期を確認します。この収益計上時期が死亡日の前である場合には，準確定申告で収入金額として計上することになります。

主な収益計上時期は次のとおりです（所基通36-5，36-8，36-9，36-14）。

取引形態	収益計上時期
不動産所得の収入金額	契約又は慣習により支払日が定められているものについてはその支払日，支払日が定められていないものについてはその支払を受けた日
事業所得の収入金額（棚卸資産の販売）	その引渡しがあった日
事業所得の収入金額（請負による収入金額）	・物の引渡しを要する請負契約にあってはその目的物の全部を完成して相手方に引き渡した日 ・物の引渡しを要しない請負契約にあってはその約した役務の提供を完了した日
事業所得の収入金額（人的役務の提供（請負を除く）による収入金額）	その人的役務の提供を完了した日 　ただし，人的役務の提供による報酬を期間の経過又は役務の提供の程度等に応じて収入する特約又は慣習がある場合におけるその期間の経過又は役務の提供の程度等に対応する報酬については，その特約又は慣習によりその収入すべき事由が生じた日
給与所得の収入金額	契約又は慣習その他株主総会の決議等により支給日が定められている給与等についてはその支給日，その日が定められていないものについてはその支給を受けた日
雑所得の収入金額（公的年金）	公的年金等の支給の基礎となる法令，契約，規程又は規約により定められた支給日

29

⑵ 必要経費について

　準確定申告の場合，収入金額同様に必要経費の算入時期について注意が必要です。この必要経費の算入時期が死亡日の前である場合には，準確定申告で必要経費として計上することになります。

　必要経費となる金額は，死亡日までに債務の確定した金額であり，この考え方が原則です。この場合租税については，死亡日までに申告等により納付すべきことが具体的に確定したものが被相続人の必要経費になります（所基通37−6）。

　事業所得や不動産所得の計算上，固定資産税を必要経費に計上する場合でも，死亡日までに納税通知書が届いているものは計上できますが，納税通知書が届いていない場合には，被相続人では必要経費に計上できないため，注意が必要です。なお被相続人の必要経費とならない固定資産税については，事業を引き継いだ相続人の方で必要経費に計上することになります。

⑶ 所得控除について

　準確定申告の計算を進めるにあたり，所得控除についても，下記の注意点があります。

① 配偶者控除・扶養控除

　配偶者控除や扶養控除の適用をするための配偶者や扶養親族の1年間の合計所得金額の見積は，死亡日の現況により行うことになります。

② 医療費控除

　医療費控除の対象となる医療費は，死亡日までに被相続人が支払った医療費です。死亡後に相続人が支払った医療費は，被相続人の医療費控除の対象とはなりません。

③ 社会保険料控除，生命保険料控除，地震保険料控除

　社会保険料控除，生命保険料控除，地震保険料控除の対象となる保険料の額は，死亡日までに被相続人が支払った保険料の額です。

② 申告手続き

⑴ 所得税及び復興特別所得税

　準確定申告は，相続人が行う申告ですが，上記 ① の計算上の注意点を考慮して

第3章 準確定申告の留意点

計算が終了したなら，申告書に記載して提出することになります。この際申告書の記載等の申告手続きで注意すべき項目は，下記のとおりです。

① 申告書の提出先

準確定申告書の提出先は，被相続人の所轄税務署となります。

② 申告書の標題

所得税申告書の標題の「令和□□年分の所得税及び復興特別所得税の　申告書B」の□と空欄に「申告年」と「準確定」と記載します。具体的には「令和1年分の所得税及び復興特別所得税の準確定申告書B」と記載します。

③ 申告者の氏名欄，住所欄

氏名の箇所には，氏名の前に被相続人と記載し，「被相続人〇〇　〇〇」と記載します。この際押印はしません。

相続人が1名で，下記④に示す書類（付表）の提出を省略する場合には，氏名の箇所を2段で利用し，上段には被相続人の氏名「被相続人〇〇　〇〇」と，氏名の上部に「死亡年月日」を記載し，下段には相続人の氏名を「相続人〇〇　〇〇」と記載し，相続人が押印をします。

住所の箇所には，被相続人の住所を記載しますが，相続人が1名で，申告書付表の提出を省略する場合には，氏名と同様住所の箇所を2段で利用し，上段には被相続人の住所を，下段には相続人の住所を記載します。

なお，申告書の右上に相続人の個人番号も記載することになります。

【相続人1名の場合の記載例】

【一般的な記載例】

④ 確定申告書付表

　被相続人の準確定申告書を提出する相続人は，準確定申告書とともに，「死亡した者の令和□□年分の所得税及び復興特別所得税の確定申告書付表（兼相続人の代表者指定届出書）」（以下「付表」という）を提出することになります。この付表は，被相続人の住所，氏名，死亡年月日，準確定申告の納税額（還付額），相続人等の代表者の氏名を記載する書類ですが，その記載と一緒に共同相続人全員の住所，氏名（押印），被相続人との続柄，生年月日，相続分，相続財産の価額，被相続人の準確定申告の納付額の各相続人の負担額，還付の受取額，還付金受取の口座などを記載するようになっています。

　そのため被相続人の準確定申告書の提出の際には，相続人全員がこの付表に氏名等を記載して押印し，相続人の代表者が提出するようになります。

　なお，一緒に申告できない相続人は，その相続人の住所の頭部に「申告せず」と表示するとともに，氏名を○で囲んで提出することができます。この場合一緒に申告できない相続人は，別で付表を提出することになり，そのためその相続人に申告内容を伝える必要があります。

第3章　準確定申告の留意点

付表のサンプル

死亡した者の令和＿＿＿年分の所得税及び復興特別所得税の確定申告書付表
（兼相続人の代表者指定届出書）

（平成二十九年分以降用）　○この付表は、**申告書と一緒に提出してください。**

1　死亡した者の住所・氏名等				
住所	（〒　－　）	フリガナ　氏名		死亡年月日　平成　　年　　月　　日

2　死亡した者の納める税金又は還付される税金	〔所得税及び復興特別所得税の第3期分の税額〕 〔還付される税金のときは頭部に△印を付けてください。〕　　　　円 … A

3　相続人等の代表者の指定	〔代表者を指定されるときは、右にその代表者の氏名を書いてください。〕　相続人等の代表者の氏名

4　限定承認の有無	〔相続人等が限定承認をしているときは、右の「限定承認」の文字を〇で囲んでください。〕　　限定承認

5 相続人等に関する事項	(1) 住所	（〒　－　）	（〒　－　）	（〒　－　）	（〒　－　）
	(2) 氏名	フリガナ　　　　㊞	フリガナ　　　　㊞	フリガナ　　　　㊞	フリガナ　　　　㊞
	(3) 個人番号				
	(4) 職業及び被相続人との続柄	職業　　　続柄	職業　　　続柄	職業　　　続柄	職業　　　続柄
	(5) 生年月日	明・大・昭・平　年　月　日	明・大・昭・平　年　月　日	明・大・昭・平　年　月　日	明・大・昭・平　年　月　日
	(6) 電話番号	－　　－	－　　－	－　　－	－　　－
	(7) 相続分 … B	法定・指定	法定・指定	法定・指定	法定・指定
	(8) 相続財産の価額	円	円	円	円

6 納める税金等	各人の納付税額 A × B （各人の100円未満の端数切り捨て）（Aが黒字のとき）	00円	00円	00円	00円
	各人の還付金額 （各人の1円未満の端数切り捨て）（Aが赤字のとき）	円	円	円	円

7 還付される税金の受取場所	振込みを希望する場合の預金口座に関する事項	銀行名等	銀行・金庫・組合 農協・漁協	銀行・金庫・組合 農協・漁協	銀行・金庫・組合 農協・漁協	銀行・金庫・組合 農協・漁協
		支店名等	本店・支店 出張所 本所・支所	本店・支店 出張所 本所・支所	本店・支店 出張所 本所・支所	本店・支店 出張所 本所・支所
		預金の種類	預金	預金	預金	預金
		口座番号				
	ゆうちょ銀行の貯金口座に振り込みを希望する場合	貯金口座の記号番号	－	－	－	－
	郵便局等窓口受取りを希望する場合	郵便局名等				

（注）　「5　相続人等に関する事項」以降については、相続を放棄した人は記入の必要はありません。

税務署整理欄	整理番号	0			0		0		0		一連番号
	番号確認　身元確認	□ 済 □ 未済		□ 済 □ 未済		□ 済 □ 未済		□ 済 □ 未済			

33

⑵ 消費税及び地方消費税

　上記までの説明は，所得税及び復興特別所得税の準確定申告に関する説明ですが，被相続人が消費税の課税事業者である場合には，所得税と同様，消費税も準確定申告があり，計算方法はその年1月1日から死亡日までの課税売上高や仕入税額控除を計算し，納税額（還付額）を計算して申告します。この申告期限は所得税と同じく，相続の開始があったことを知った日の翌日から4か月となり，手続等は所得税と同じです。

　消費税にも所得税の付表と同様の書類である「付表6　死亡した事業者の消費税及び地方消費税の確定申告明細書」があり，記載内容も所得税と同様です。

3　準確定申告と相続税

　準確定申告における様々な情報が，相続税申告に関係することがあります。例えば準確定申告における納付額は，相続税申告においては債務控除の対象となり，逆に還付額は相続財産となります。

　このように準確定申告をまとめる際には，相続税財産や債務を気にしながらまとめます。

　なお相続税と関係のある情報の一例を，下記に挙げてみたので参考にしていただきたいと思います。

①　事業用不動産，賃貸不動産

　事業用不動産や賃貸不動産は，当然ですが相続財産となります。所在や使用状況は，財産評価の参考資料になります。

②　事業用の未収入金

　事業用の未収入金は事業用財産として，相続財産となります。そのため未収入金の相手，金額は正確に確認しましょう。

③　差入保証金

　差入保証金も事業用財産として，相続財産となります。誰にいくら差し入れているかを正確に把握します。

④　事業上の借入金・未払金

　事業上の借入金や未払金は，相続税の計算では債務控除の対象となる債務です。

未収入金同様，相手や金額は正確に確認しましょう。

⑤　預り敷金・保証金

　不動産賃貸をしている際の預り敷金や預り保証金は，相続税の計算では債務控除の対象となる債務です。金額が大きくなることもあるため，誰からいくら預かっているかを正確に把握します。

⑥　賃貸不動産の空室状況

　賃貸不動産の空室状況は，土地や建物を評価する際，賃貸割合の計算に必要となる情報です。この空室状況は，いつ空室になって，その後いつ賃貸されたかの空室期間も正確に把握します。

⑦　未払医療費

　未払医療費は，被相続人の準確定申告上では，医療費控除の対象とはなりません。しかし死亡時に未払いの医療費は，相続税の計算では債務控除の対象となる債務です。そのため領収書はしっかり保存しておきます。

⑧　過去の申告時に提出されている財産債務調書（国外財産調書）

　準確定申告の情報ではありませんが，死亡日の前年の確定申告の際，財産債務調書又は国外財産調書を提出していれば，その控えの確認も重要です。

　財産債務調書は，総所得金額等が2,000万円超の者で，その価額の合計額が3億円以上の財産又はその価額の合計額が1億円以上の有価証券等を有する者が提出義務のある書類で，相続財産を確認するうえでとても重要な資料です。また，国外財産調書は，価額の合計額が5,000万円を超える国外財産を有する居住者が提出義務のある書類で，財産債務調書と同様，相続財産を確認するうえでとても重要な資料です。

　なお，財産債務調書，国外財産調書ともに，各年末時点の財産，債務とその金額を記載したものであるため，相続開始時との違いがある可能性があり，その点の注意が必要です。

財産債務調書のサンプル

財産の区分	財産の価額又は取得価額	財産の区分	財産の価額又は取得価額
土　地 ①		書画骨とう 美術工芸品 ⑮	
建　物 ②		貴金属類 ⑯	
山　林 ③		動　産 (⑮、⑯以外) ⑰	
現　金 ④		保険の契約に 関する権利 ⑱	
預貯金 ⑤		株式に関する 権利 ⑲	
有価証券 上場株式 ⑥		預託金等 ⑳	
取得価額 ㋐		組合等に 対する出資 ㉑	
特定有価証券を除く 非上場株式 ⑦		信託に関する 権利 ㉒	
取得価額 ㋑		無体財産権 ㉓	
株式以外の 有価証券 ⑧		その他の財産 (上記以外) ㉔	
取得価額 ㋒		国外財産調書に記載した国外財産の価額の合計額 ㉕	
特定有価証券※ ⑨		財産の価額の合計額 ㉖	
匿名組合契約の 出資の持分 ⑩		国外財産調書に記載した国外転出特例対象財産の価額の合計額 ㉗	
取得価額 ㋓		国外転出特例対象財産の価額の合計額 ㉘	
未決済信用取引等 に係る権利 ⑪		債務の区分	債務の金額
取得価額 ㋔		借入金 ㉙	
未決済デリバティブ 取引に係る権利 ⑫		未払金 ㉚	
取得価額 ㋕		その他の債務 ㉛	
貸付金 ⑬		債務の金額の合計額 ㉜	
未収入金 ⑭			

備考

税理士 署名押印

電話番号　　　―　　　―

36

第3章　準確定申告の留意点

4　その他の税務手続き（届出）

(1)　被相続人の税務手続き（届出）

①　所得税の事業廃止の届出

　被相続人が事業を行っていた場合には，事業廃止の届出（個人事業の開業・廃業等の届出書）を，被相続人の所轄税務署に提出する必要があります。この提出期限はその事実があった日から1月以内です。

②　消費税の死亡届出

　被相続人が消費税の課税事業者であった場合には，消費税に関して「個人事業者の死亡届出書」を，被相続人の所轄税務署に提出する必要があります。この届出は事由が生じたら速やかに提出することになります。

(2)　相続人の税務手続き（届出）

①　所得税の事業開始の届出，青色申告承認申請書

　事業者でない相続人で被相続人の遺言により事業を引き継ぐ相続人又は協議分割を行うまでの間の共同相続人は，事業開始の届出（個人事業の開業・廃業等の届出書）を，相続人の所轄税務署に提出する必要があります。この提出期限はその事実があった日から1月以内です。

　一般的には，青色申告を選択するために，青色申告承認申請書も提出し承認を受けることが多いと思われます。この青色申告承認申請は，被相続人の事業を相続した場合は，その相続を開始した日の時期に応じ，下記の期限が定められています。

相続開始時期	申請期限
相続を開始した日がその年の1月1日から8月31日までの場合	相続を開始した日から4か月以内
相続を開始した日がその年の9月1日から10月31日までの場合	その年の12月31日まで
相続を開始した日がその年の11月1日から12月31日までの場合	その年の翌年2月15日まで

　遺言がなく協議分割で遺産を分割する場合，分割協議が整うまでの間は，相続財産は共同相続人の共有財産です。この場合共有財産から得られる利益も相続人の共

37

有の利益です。そうなると共有の利益に対しては，相続人が法定相続分で取得したものとして申告が必要になります。よって，被相続人の死亡後分割協議が整うまでの間の利益について，相続人全員が申告対象となります。そのため，協議分割で遺産を分割する場合，上記の届出は，相続人全員が行っておく必要があります。

分割協議で被相続人の事業を承継しなかった相続人は，その事実があった日から1月以内に，事業廃止の届出（個人事業の開業・廃業等の届出書）を提出することになります。また，「所得税の青色申告承認申請書」を提出し，青色申告の承認を受けている場合には，「所得税の青色申告の取りやめ届出書」も一緒に提出して，青色申告を取りやめておきます。

② 消費税の課税事業者届出書，簡易課税制度選択届出書

イ 課税事業者の判断

消費税の納税義務の判定は，その者の基準期間の課税売上高が1,000万円を超えているか否かで判定し，その相続人の基準年度の課税売上高が1,000万円を超えていれば，その年は消費税の納税義務が生ずることになります。

ただし今まで事業を行っていなかった相続人又は免税事業者である相続人が相続で事業を承継する場合，基準期間の課税売上高はゼロ又は1,000万円以下であり，相続開始の年又はその翌年の消費税の納税義務はないことになりますが，相続により被相続人の事業を承継した場合，相続人の課税売上高のみで判定するのではなく，被相続人の課税売上高も加味して消費税の納税義務を判定することになります（消法10）。

具体的な相続人の基準期間の課税売上高の計算は，下記表のとおりです。

判定する年	判定の対象となる課税売上高
相続開始の年	被相続人のその年の基準期間の課税売上高
相続開始の年の翌年	相続人及び被相続人のその年の基準期間の課税売上高
相続開始の年の翌々年	相続人及び被相続人のその年の基準期間の課税売上高

なお2名以上の相続人があるときには，相続財産の分割が実行されるまでの間は被相続人の事業を承継する相続人は確定しないことから，各相続人が共同して被相続人の事業を承継したものとして取り扱われます。この場合において，各相続人のその課税期間に係る基準期間における課税売上高は，被相続人の基準期間

における課税売上高に各相続人の法定相続分に応じた割合を乗じた金額となります（消基通1−5−5）。

　上記の判定で相続開始年やその翌年，翌々年で課税事業者となる場合には，速やかに「消費税課税事業者届出書」を相続人の所轄税務署に提出する必要があります。またこの届出書を提出する際には，被相続人の名前や課税売上高を記載した「相続・合併・分割等があったことにより課税事業者となる場合の付表」も一緒に提出することになります。

ロ　簡易課税適用の可否及び届出期限

　基準期間の課税売上高が5,000万円以下である場合には，簡易課税制度の適用が可能ですが，簡易課税制度の適用を受ける場合には，その年の前年末までに「消費税簡易課税制度選択届出書」を提出することが原則です。

　ただ相続により被相続人の事業を承継した場合には，次のとおりです。

相続人のタイプ	簡易課税制度適用の要件
今まで事業を行っていなかった相続人	相続が開始した年の簡易課税の選択は，新たに事業を開業した年に当たるため，開業した課税期間の末日（12月31日）までに「消費税簡易課税制度選択届出書」を，相続人の所轄税務署に提出することによって簡易課税の適用は可能となります。
以前から事業者であった相続人	被相続人が簡易課税制度の適用を受けていた場合には，「事業を開始した日の属する課税期間」に該当し，相続の開始があった年の12月31日までに「消費税簡易課税制度選択届出書」を，相続人の所轄税務署に提出すれば，相続人は相続開始の年から簡易課税制度が適用可能となります。

　上記の簡易課税の適用は，基準期間の課税売上高が5,000万円以下である場合に適用可能となりますが，基準期間の課税売上高の判定は，上記イのとおりです。

第4章

相続財産・債務の確認と資料収集

　第4章は被相続人の相続財産・債務の具体的な確認と，その資料収集手続きを説明します。

　第3章までは相続税申告の前段階の確認でしたが，第4章からは相続税申告に必要な確認事項や具体的な作業の説明となります。

　第4章では，まず相続財産・債務の確認の基本である相続人へのヒアリングでの確認事項をベースに，財産形成過程の推測，過去の相続での財産取得の確認等，その他預貯金の入出金の確認などを行い，所有財産の見当をつけていきます。

　その後財産ごとに，具体的な収集すべき資料について解説していきます。

第4章 1 財産・債務の確認の重要性

　国税庁が平成30年12月に公表した「平成29事務年度における相続税の調査の状況について」において，実地調査の件数は12,576件，このうち申告漏れ等の非違があった件数は10,521件で，割合は83.7％となっている旨が報告されています。

　また同報告の中には，「申告漏れ相続財産の金額の内訳」が載っており，「申告漏れ相続財産の金額の内訳は，現金・預貯金等1,183億円が最も多く，続いて有価証券527億円，土地410億円の順となっています。」と報告されています。

　相続税の税務調査における非違事項には，評価額に対するものや特例適用の適否に関することでの非違もありますが，最も多い非違事項は，申告漏れ財産に対する非違です。この申告漏れの財産が生じないように，財産・債務の確認と資料収集は，相続税申告に係る一連の作業の中で，最も重要な作業であるといえます。

42

第4章　相続財産・債務の確認と資料収集

第4章

2 相続財産・債務の確認の基本

1 相続人へのヒアリングでの確認

　相続税申告の依頼者である相続人に，被相続人の経歴，職業，趣味などを聞きながら，相続財産のヒントを得ることは，「第1章　相続案件を受任する際の留意点」で示したとおりですが，そのヒアリングによるヒントも参考にしながら，財産・債務の確認や資料収集をします。

　また，被相続人が女性の方であれば，男性とは違う財産の存在，例えば高価な着物や貴金属類なども意識して財産調査をします。

2 被相続人の財産形成過程の確認（過去の相続の確認）

　相続税の税務調査で調査官は，その被相続人の財産形成過程を確認するものです。被相続人が一代で築き上げた財産か，親からの相続財産が基礎となっているものなのかなどの確認です。親からの相続財産が基礎となっている人でも，その財産から生ずる利益を基に，さらに財産を築き上げる人もいるため，親からの相続財産がどのような財産であったか（利益を生む財産か）も確認する必要もあります。

　そこで被相続人が過去に相続により財産を取得していれば，その相続税の申告書，遺産分割協議書から取得財産を調査し，その財産の現在の保有状況を確認する必要があります。

3 確定申告時に提出している調書の確認

　その年分の総所得及び山林所得等の合計額が2,000万円を超え，かつ，その年の12月31日において，その価額の合計額が3億円以上の財産又は1億円以上の有価証券等を有する場合には，所有財産を記載した「財産債務調書」を提出しなければなりません。

　以前は「財産及び債務の明細書」という資料を提出することになっていましたが，

43

平成27年に改正され平成28年より施行されて，より細かい調書として「財産債務調書」を提出することとされました。

この「財産債務調書」は，その有する財産の種類，数量及び価額並びに債務の金額を記載した調書であり，その提出者の財産・債務のすべてを記載するものとなっています。

また「財産債務調書」よりも先に，平成26年より「国外財産調書」制度も開始しており，その価額の合計額が5,000万円を超える国外財産を有する場合には，国外の所有財産を記載した「国外財産調書」を提出することとされています。

被相続人がそれぞれの調書を提出していれば，相続財産確認の非常に重要な資料となります。またこれらの調書は，上記のとおり税務署に提出されている調書であるため，この調書に記載されている財産は，税務当局も把握していることになります。そのため，相続財産の調査にあたりこれらの調書は必ず確認するべきです。

4 預貯金の入出金の確認

相続財産の調査にあたり，預貯金の入出金を分析し，相続財産を検討することは，相続財産調査の基本です。例えば多額の出金があれば，資産の購入が推測でき，多額の入金があれば資産の売却が推測できます。

税務調査においても，被相続人の預貯金の動きは通帳等から必ず確認されるため，相続財産の調査の段階でも，税務調査と同様の視点で，預貯金の入出金は追いかけておきます。

また，税務調査においては，被相続人の通帳だけではなく，相続人の通帳も確認されることもあります。これは例えば被相続人の出金と同日に同額の預金が相続人に入金されている場合，その金額が相続人に対して貸付か贈与になると考えられ，その金額が貸付や3年内贈与であれば相続税の課税対象財産に該当するからです。

なお一例ではありますが，預貯金の入出金で推測できる内容を示すと，下記のとおりです。

入出金内容	推測できる財産等
保険料の支払い	生命保険金や生命保険契約の権利の存在
配当金の受取り，証券会社への支払い	有価証券等の存在
固定資産税の支払い	不動産の存在
自宅や賃貸物件以外の水道光熱費	別荘の存在
自宅の電話料以外の電話料の支払い	別荘の存在
毎年同じ時期の出金	子や孫への連年の贈与

　この被相続人の預貯金通帳の確認は，通帳等の保管状況にもよりますが，可能であれば10年程度は確認すべきです。

| 第4章 | 3 | 不動産の確認と資料収集 |

不動産は相続税の課税対象財産の中でも一番金額の多い（中心となる）財産です。そのため相続財産としての確認や資料収集は漏れの無いように慎重に進めます。不動産は，登記により所有者が明確にわかる財産であるため，相続財産としての確認が進めやすい財産ですが，一方借地権などは，一般的には登記されていないため，登記簿謄本や固定資産税の課税明細だけで財産確認をしていたら漏れてしまう財産です。

このように，通常の資料に載ってこない財産もあるため，次の点に注意しながら財産確認や資料収集を行います。

１　固定資産税の納税通知書からの把握

(1)　単独所有の不動産の把握

被相続人の単独所有の不動産を把握するには，相続人に対するヒアリング等に基づき，まずは固定資産税の課税状況から把握することになります。

被相続人の所有する土地・建物が，どの市区町村に存在するかを把握するためには，各市区町村から毎年届く固定資産税の納税通知書を確認することになります。さらに所有不動産の所在・地番等の詳細は，一般的には納税通知書に課税されている土地・建物の明細が記載されているため，その明細を収集して所有不動産を把握することになります。

(2)　共有の不動産の把握

共有の土地・建物についての固定資産税の課税は，共有者のうち代表者宛に納税通知書が送られてくるため，代表者以外の共有者には納税通知書が届きません（市区町村によっては，共有者用の通知が送られてくるところもあります）。そのため相続人に対するヒアリング等に基づき確認するか，共有の親族等に確認することが必要でしょう。

46

(3) 非課税の不動産の把握

　固定資産税の課税明細は，固定資産税が課税される土地・建物についての明細であるため，固定資産税が課税されない「公衆用道路」の用に供されている土地のついては，明細に記載されてきません。そのため，固定資産税が課税されている市区町村において，その被相続人の名寄せを取り寄せて，所有不動産を把握します。

(4) 未登記の建物の把握

　何らかの事情で，建物の登記がされていない場合があり得ますが，固定資産税においては，現地を確認して，建物が存在していれば未登記であってもその所有者に課税します。この場合固定資産税の課税明細には，例えば家屋番号の記載がない，又は備考欄などに未登記の記載がされているなど，課税明細を見ればわかるようになっているものが多くあります。

　建物が未登記であっても，所有者が被相続人であれば当然相続税の課税対象財産であるため，漏れのないよう注意します。

② 法務局の資料（登記簿謄本等）の確認・収集

　固定資産税の課税明細等により所有不動産が把握できたら，その情報に基づいて，法務局で不動産の登記簿謄本を取得して，所有関係を確認することになります。

　この際借地の関係を確認するには，土地とその土地の上に存在する建物の登記簿謄本を取得して，それぞれの所有者を確認します。この場合例えば被相続人が土地を所有していますが，その上に所在する建物は被相続人の所有ではない場合，被相続人が土地を貸していることが推測されます。また逆に，建物は被相続人の所有ですが，その敷地は被相続人の所有ではない場合，被相続人は土地を借りていることが推測できます。このような確認をするためにも，土地とその土地の上に存在する建物の登記簿謄本を取得します。

　また法務局には，登記簿謄本だけではなく，地図（公図），測量図，建物配置図等，様々な資料が存在します。それぞれの資料は，次の利用が考えられるため，存在する資料は入手しておきます。

(1) 地図（公図）

　法務局には，土地の区画を明確にするための資料として地図が備え付けられることになっています。しかし，その地図が備え付けられるまでの間，公図（地図に準ずる図面）が地図に代わって備え付けられています。この公図は土地の大まかな位置や形状を表すものです。この地図（公図）により，土地の地番ごとの位置関係がわかるため，隣接地の所有者を確認（閲覧）して，共有土地や固定資産税の非課税土地がないかを確認します。

(2) 地積測量図

　地積測量図とは，一筆ないし数筆の土地の面積（地積）を確定した図面をいいます。現在では，土地の表題登記等を申請する際には，地積測量図を添付しなければならないことになっていますが，以前は添付義務がないこともあり，法務局においてすべての土地の地積測量図が存在するとは限りません。

　しかし，土地を評価するうえでは，「地積は，課税時期における実際の面積による」（財基通8）ことになっているため，法務局に地積測量図がある土地については，その測量図を基に面積を確定する必要があります。そのため測量図の収集が必要となります。なお，法務局に地積測量図が存在していなくても，被相続人などが過去に測量を進めて測量図が存在する場合もあります。その場合には，当然その測量図に基づいて面積が確定できるため，測量図を相続人に探してもらいます。

　さらに土地の面積は，小規模宅地等の特例の面積要件にも影響するため，正確な把握が必要となります。

(3) 建物図面・各階平面図

　建物図面は，建物の敷地並びにその1階の位置及び形状を明確に表す図面です。また各階平面図は，各階ごとの建物の周囲の長さ，床面積等が記載された図面です。一般的には，この2つの図面は，1つの用紙にまとめられて法務局に備えられているものです。

　この建物図面により，その建物がどの土地に所在するかが確認できるとともに，建物の敷地として利用されている土地（評価単位）を確認することになります。

　宅地の評価単位となる1画地の宅地とは，「利用の単位となっている1区画の宅

第4章　相続財産・債務の確認と資料収集

地」をいいます（財基通7-2）。建物が2筆の宅地の上に存在する場合には，その2筆の宅地がその建物に利用されている宅地となるため，その2筆の宅地が1区画の宅地となって評価されることになります。このように，利用単位を判断するうえでも，建物図面を取得してその図面により建物の敷地として利用されている土地を把握することが必要です。

❸　賃貸借関係のある不動産の確認事項・留意点

(1)　共 通 事 項

　不動産の賃貸借関係が生じている場合には，一般的には賃貸借契約書が存在するはずです。また，不動産を賃貸して収入を得ている場合，不動産所得が生じているため，確定申告をしているはずです。そこで賃貸契約書や被相続人の所得税の確定申告書の不動産所得の決算書等を確認する必要があります。

　登記簿謄本を見ただけでは，その不動産をどのように利用しているのかが判断できません。そのため，賃貸借契約書や確定申告書を確認し，賃貸借関係を把握します。

(2)　建物を貸している場合

　土地・建物を所有し，建物を貸している場合には，建物の賃借人に借家権が生じるため，借家人の権利の分所有者の評価額は低くなります（土地は貸家建付地評価，建物は貸家評価）。そのため，建物に対して借家人の権利が生じているかを正確に把握する必要があります。そこで建物の賃貸借契約書や毎年の確定申告書（不動産所得）を取得して確認します。

　なお，一戸建ての賃貸建物で，相続開始時点で空室の場合には，その建物に賃借人の権利が生じていないため，土地は貸家建付地評価とならずに自用地評価，建物は貸家評価とならずに自用家屋評価となります。また賃貸マンションやアパートで，相続開始時点で一部空室の部屋があった場合でも，空室に相当する土地部分はやはり自用地評価，建物の空室部分は自用家屋評価となります。そのため，過去の確定申告だけではなく，準確定申告の不動産所得の収入金額等の内訳を確認して，相続開始時点での空室状況を確認します。

49

この一部空室部分を考慮した評価では，空室部分とそれ以外の部分とを床面積で区分して評価することになるため，建物の建築時の図面などを確認して建物全体の床面積や空室部分の床面積を確定する必要もあります。

(3)　土地を貸している場合

土地を貸している場合には，土地の賃借人に一般的には借地権が生じるため，土地の所有者の賃貸土地の評価は貸宅地評価となり，借地人の権利の分所有者の評価額は低くなります。そのため，土地に対して借地人の権利が生じているかを正確に把握する必要があります。

所有する土地を賃貸している場合には，土地賃貸借契約書が存在するはずですので，その契約書を確認して，賃借人の借地権の存在を把握すべきです。

なお古くから借地関係にある場合には，土地賃貸借契約書が存在しない可能性もありますが，その場合でも地代の受取り状況等借地人が土地所有者に地代を支払っている事実を確認して，賃借人の借地権の存在を把握すべきです。

(4)　土地を借りている場合

建物を所有しその敷地である土地を借りている場合には，土地は被相続人の所有ではないので，敷地に対する固定資産税の課税明細や登記簿謄本は存在しません。しかし土地を借りているため，一般的には借地権が生じており，この借地権については被相続人の財産として，相続税の申告対象となります。

この場合確認すべき資料は次のとおりです。

イ　土地賃貸借契約書

ロ　地代支払い状況

ハ　建物が所在する土地の登記簿謄本

上記(3)同様，古くから借地関係にある場合には，土地賃貸借契約書が存在しない可能性もありますが，その場合でも地代の支払い状況を確認して，土地所有者に地代を支払っている事実を確認して，被相続人の借地権の存在を把握すべきです。

第4章　相続財産・債務の確認と資料収集

4　特殊な借地権・底地について

(1)　同族関係会社に土地を貸している場合

　同族関係会社に土地を貸している場合，権利金の授受状況や，届出の有無等により評価が変わります。そのため，土地賃貸借の状況を正確に把握します。

図表　土地賃貸借の状況による評価の違い

			地　主	借地人
相続評価	権利金の授受あり		一般的な底地評価	一般敵な借地権評価
	権利金なし	相当の地代を授受	更地価額の80％評価	借地権はゼロ（注）
		無償返還の届出あり	更地価額の80％評価	借地権はゼロ（注）
		使用貸借	更地価額評価	借地権はゼロ

（注）借地人が同族会社の場合，株式の評価上20％の借地権価額を純資産価額に加算

この場合確認すべき資料等は次のとおりです。

①　登記簿謄本で土地の上に存在する建物の所有者を確認します。

②　建物の所有者が同族関係法人の場合は，賃貸借契約書を確認し，「将来土地を無償で返還する旨」の条項を確認します。

③　「土地の無償返還に関する届出書」を連署で提出されている場合は，その控えを確認します。その届出の控えが見つからない場合には，土地所有者の所轄税務署に閲覧請求をして確認します。

④　被相続人の確定申告書（不動産所得の収入金額等の内訳）を確認して，地代の水準（相当の地代か否か）を確認します。

⑤　相当の地代の検証に必要な，過去3年間の目用地評価額を算定するための資料を準備します。

(2)　借地であった敷地の所有権を，借地人以外の親族が後から購入した場合

　例えば被相続人である父が借地人であった土地について，子供がその土地（底地）を買い取ることもあります。この場合，父が子供に地代を支払っていない場合には，子供は父が所有していた借地権の贈与を受けたものとして贈与課税の対象と

なります。

　しかし，子供が底地を購入して土地の所有者となった後も，引続き借地権者は父であるとして，借地権者である父と底地を購入した子供と連署で「借地権者の地位に変更がない旨の申出書」を，子供の所轄税務署に提出すれば，子供の贈与課税は行われないことになります（昭48直資2-189「使用貸借に係る土地についての相続税及び贈与税の取扱いについて」（以下「使用貸借通達」という）5）。この場合，将来父に相続が開始した場合には，上記の借地権は父の相続財産として相続税の対象となります。

　このようなケースは，被相続人である父名義の建物の敷地が子供名義で，地代の支払いが生じていなければ，単に使用貸借で父が利用しているだけと判断してしまい，父の相続財産としての借地権が漏れてしまう可能性があります。そこでこのようなケースでは，子供が土地の所有者になった時期と，父が建物の新築した時期を確認する必要があります。子供が所有者になる前に父が建物を建築していたら，上記の事例のような可能性があります。

　その場合には，父が子供への地代の支払い，及び「借地権者の地位に変更がない旨の申出書」の控えを確認し，父に借地権があるか否かを検討します。なお「借地権者の地位に変更がない旨の申出書」の控えが見つからない場合には，土地所有者である子供の所轄税務署に閲覧請求して確認すべきでしょう。

(3)　子供に無償で土地又は借地権を利用させている場合

　例えば父の土地又は借地権（以下「土地等」という）の上に子供が建物を建築し，子供は父の土地等を無償で利用（使用貸借）している場合は，通常権利金を支払う取引慣行のある地域においても，使用貸借による土地等を使用する権利はゼロとして取扱われるため，子供は親から借地権相当額又は転借権相当額の贈与を受けたことにはならず，贈与税課税は生じない扱いとなっています（使用貸借通達1，2）。

　そのため将来の父の相続において，使用貸借で利用させている土地等の評価は，借地人である子の権利はなく借地権相当額がゼロであるため，他の人に賃貸している土地等（貸宅地又は転貸借地権）としての評価ではなく，自用地又は通常の借地権としての評価となります。

　なお父の借地権を無償で利用した場合，「借地権の使用貸借に関する確認書」を，

使用者（子供），借地人（父），土地所有者（地主）の3者連署で，使用貸借で利用している子供の所轄税務署に提出することになります。

このように土地等の所有者と建物の所有者が違う場合でも，土地の評価が貸宅地又は転貸借地権評価にはならない場合があるので注意が必要です。

この場合土地等の利用が使用貸借か否かを確認しますが，その具体的な確認資料及び確認事項等は次のとおりです。

① 登記簿謄本による建物の所有者の確認

② 被相続人（父）の確定申告書（不動産所得の収入金額等の内訳）や通帳の入金状況より子供からの地代収入がないことの確認

③ 借地権の無償使用の場合，被相続人（父）の借地権に関して，土地賃貸借契約書の確認

④ 借地権の無償使用の場合，「借地権の使用貸借に関する確認書」控えを確認（控えが見つからない場合には，使用者である子供の所轄税務署に閲覧請求）

| 第4章 | **4** | **現金・預貯金の確認と資料収集** |

■ 金融機関の預貯金

(1) 通帳等より取引銀行の確認

　金融機関の預貯金は，誰にでもある財産です。そのためほぼ100％相続財産として存在するものです。

　この場合まずは被相続人の預金通帳や預金証書を確認します。預貯金は，一般的には通帳や証書として，目に見える財産であるため，その通帳や証書から取引金融機関を確認することになります。

(2) 残高証明書の発行依頼及び収集

　取引金融機関が確認できたら，その金融機関に被相続人の死亡日現在の残高証明書を発行してもらう必要があります。金融機関の預金残高については，金融機関から発行されるこの残高証明書を収集して確認することになるからです。この残高証明書の発行依頼は，被相続人の戸籍や相続人の戸籍などの相続人関係資料の提示を求められるのが一般的であり，その戸籍のコピーではなく原本を求められる場合があります。そのため，同時期に各金融機関に手続きをする場合には，戸籍等の資料は複数枚（金融機関数以上）準備しておくべきでしょう。

(3) 定期預金の証書等の確認

　定期預金については，その定期預金を評価する上で既経過利息の計算を行う必要があるため，定期預金に預け入れた日や解約利息の確認が必要となります。そのため，証書等はコピーを取っておきます。

　また，既経過利息計算上の利率については，各金融機関に確認して進める必要があるため，忘れずに確認しましょう。

(4) 入出金状況の確認および資料収集

　預貯金については，上記 **2** の「相続財産・債務の確認の基本」で説明したとお

第4章　相続財産・債務の確認と資料収集

り，できれば過去10年程度は預貯金の入出金状況を確認したいところです。そのため存在する通帳はすべて収集して確認します。なお，頻繁に使われている口座や残高の多い口座は，必ず確認すべきであり，その口座について通帳がなければ，金融機関から口座履歴を発行してもらい確認します。

(5)　直前に引き出された金額について

　金融機関に被相続人の死亡を伝えると，被相続人の口座は凍結され，引き出しができなくなります。そのため被相続人の死亡の直前にまとまった資金を引き出しておき，今後の病院への支払いや葬式費用の支払いに備えておくのが一般的です。この直前に引き出された金額について，死亡の日までに全額使われていれば問題ありませんが，全額使われていない場合には，その残った金額を相続財産として計上することになるので残高の確認が必要です。

　なお被相続人が入院している場合，その預金からの引き出しは，家族の誰かが行っているはずであり，税務調査でも誰が引き出されてその現金をどう使ったのかを聞かれますので，現金管理者及び使い道等はできる限り明確にしておく必要がある旨を相続人に伝えておきます。

２　名義預金について

　名義預金とは，被相続人以外の名義の預金口座で，その預金の名義人ではなく被相続人が管理し利用している口座をいいます。このような口座は被相続人に帰属する口座であると判断された場合には，被相続人の相続財産となりますがその判断に当たっては次の点を総合的に考慮して判断することになります。

　　　その預金の出損者
　　・その預金が形成されるに至った経緯
　　・その預金の管理及び運用の状況
　　・被相続人とその預金の名義人との関係

　なお，上記の判断で特にポイントになるのは，管理及び運用の状況についてです。例えば被相続人が管理及び運用していた又は被相続人の指示等で名義人が管理及び運用をしていた場合には，被相続人に帰属する財産であると判断され，相続財産に

55

なることになるでしょう。

③ 自宅にある現金の存在に注意

　高齢になれば，金融機関に行くのも一苦労の状況になることもあります。しかし，突然生活資金以外の支出が生ずることもあります。銀行への外出を減らし，急な支払いに備えるために，自宅に現金を準備しておく高齢者も多いようです。

　このような自宅の現金も，当然相続財産です。しかし自宅に多額の現金があることを他人に伝えるのは防犯上危険であると思い，その現金の存在を知っている相続人が，税理士に現金の存在を伝えない場合があります。この場合この現金は申告漏れ財産となり，相続人が現金の存在を知っていて伝えなかったと認定され，たとえ防犯上の理由から伝えなかったにしても，財産隠蔽による重加算税の対象となる行為とされます。

　そこで相続財産である旨，及び申告漏れが発覚した場合，重加算税の対象になる旨を説明し，正確な残高を確認することに心がけましょう。なおこの現金の確認作業も信頼関係の構築が重要になる確認です。

第4章　相続財産・債務の確認と資料収集

第4章 5 有価証券等の確認と資料収集

1 上場有価証券等

(1) 利用している証券会社の確認

　上場有価証券等を有している場合，一般的には証券会社の特定口座を利用して売買又は保有しているものです。この場合証券会社からは，定期的に一定期間の取引報告や一定時期の残高報告が記載されているレポートが送られてきます。被相続人宛にこのレポートが送られてきている証券会社が，被相続人が取引していた証券会社です。

(2) 残高証明の発行依頼及び収集

　取引している証券会社が判明したら，その証券会社に被相続人の死亡日現在の残高証明書を発行してもらう手続きを行うことになります。この残高証明発行依頼の手続きは，金融機関と同様，被相続人の戸籍や相続人の戸籍などの相続人関係資料の提示を求められるため，戸籍などの準備も必要です。

(3) 株券の現物を発見した場合の注意点

　上場株式等は，現在では株券電子化により，株券発行が廃止されているため，現物の株券を個人で保管していることはほとんどないと思われますが，昔から所有している株式がある場合，株券が自宅に保管されている場合があります。このように証券会社に頼まず，被相続人が自ら株券の現物を保管している場合には，現物の株券又は配当の明細などから保有株数を確認することになります。

　この場合，株式の分割や併合などが行われて，所有株数が現物の株券の株数と違う場合があるため，一番新しい配当の明細を取得して株数を確認する必要があります。

57

２　非上場株式等

(1) 被相続人の会社経営状況の確認

　相続人に対して被相続人についてのヒアリングをする際に，被相続人が会社を経営していたか否も確認します。そこで被相続人が会社を経営していた場合には，通常であればその会社の株式を所有しているはずです。しかし，具体的に何株所有しているかについては，株主名簿又は法人税申告書別表二などを入手して確認することになります。

　また，被相続人の親族が経営する会社の株式を，被相続人が所有している場合もあります。この場合，被相続人の子供でも不明な場合もあります。そのため，被相続人の親族が会社を経営している場合，被相続人がその会社の株式を所有していないか，会社を経営している親族に確認することになるでしょう。

(2) 収集すべき資料

　非上場株式の評価には，基本的な資料として，相続開始日の直近の決算日の属する事業年度及びその前事業年度，前々事業年度（3期分）の法人税申告書一式が必要となります。またその会社の所有財産に関する資料も必要となりますが，例えば下記の財産の場合はそれぞれの資料となります。

所有財産	必要資料
不動産を所有している場合	上記 **3**「不動産の確認と資料収集」で説明した「不動産」に関する資料
上場株式を所有している場合	その銘柄及び株数が分かる資料
非上場株式を所有している場合	所有している会社の，この項で説明している資料
生命保険に加入している場合	相続開始日現在の解約返戻金相当額
電話回線を有している場合	電話回線数

第4章　相続財産・債務の確認と資料収集

第4章 6 生命保険金・退職手当金の確認と資料収集

◻1 生命保険金

⑴ 被相続人が掛けている保険の確認

　被相続人を被保険者とした生命保険で，被相続人が保険料を負担していた保険があるか否かは，配偶者や相続人であればわかっていると思われます。しかし，配偶者や相続人に伝えずに生命保険をかけていた場合には，その保険の存在は配偶者や相続人にはわからないことになります。

　そこで，被相続人が被保険者となる生命保険すべてを確認するには，保険証券の確認か，保険料の支払い内容からの確認をすることになります。なお保険証券は一か所に保管されていることが多いと思われるため，保険証券を探すのは難しくない作業でしょう。

　また年に1度保険会社から，「保険内容の確認」の書類が送られてきます。この書類が残っていれば，この書類で確認することもできると思われます。

⑵ 生命保険に関する資料の収集

　被相続人の掛けていた保険について，配偶者や相続人が既に保険請求手続きをしている生命保険金については，保険証券のコピーと，その保険会社が発行する支払保険料の明細書，まだ手続きをしていない生命保険については，まず保険証書を確認して，保険金額や受取人を確認し，その後手続きが完了した段階で支払保険料の明細書を資料として入手します。

◻2 生命保険契約に関する権利

⑴ 生命保険契約に関する権利の確認

　上記◻1の確認において，被相続人が保険料を負担している保険で，その被保険者が被相続人以外の者である保険がある場合，この保険は保険事故の発生していない，まだ継続している保険であるため，今後誰かが保険料を支払って継続するか，

59

解約をすることになります。しかしこの保険は今まで被相続人が保険料を負担しており，その保険料を負担した分保険の権利が被相続人に生じていることになります。この保険の権利については，相続税の対象となる財産です。

なお，被相続人の保険の権利については，被相続人が保険契約者の場合には本来の財産となりますが，被相続人が保険契約者でない場合には，みなし相続財産となります。

また保険の権利については，相続人が保険契約者であった場合，又は相続人が保険契約者となった場合で，保険を解約すれば解約返戻金が支払われ，また満期になれば満期保険金が支払われますが，その金額相当を受け取る権利です。

⑵ 生命保険契約の権利に関する資料の収集

生命保険契約に関する権利の課税対象額は，相続開始時点の解約返戻金相当額です。よって，解約返戻金相当額を，保険会社や保険代理店に確認しなければなりません。そこで被相続人が保険料を負担していた保険に係る保険会社や保険代理店を確認するために，その保険に係る保険証券を収集して確認することになります。

3 退職手当金・弔慰金

現役で仕事をしていた者が死亡した場合，死亡退職金が支給されることが考えられます。また同族会社のオーナーの場合でも，死亡退職金の支給がある場合があります。死亡退職金は相続開始後に遺族に支給されるため，退職金の存在や金額については，把握しやすいものです。しかし同じ遺族に支給される弔慰金は，退職金と相続税における扱いが違うため注意が必要です。

弔慰金は，遺族を慰める性格のものであるため，遺族に対して支給されるもので，相続税の対象とはならないものです。しかし一定金額を超える弔慰金であれば，退職手当等として相続税の対象となります。

この一定金額とは次の金額です（相基通3−20）。

・被相続人の死亡が業務上の死亡であるときは，被相続人の死亡当時の普通給与の3年分に相当する額

・被相続人の死亡が業務上の死亡でないときは，被相続人の死亡当時の普通給与

の半年分に相当する額

なお普通給与とは，俸給，給料，賃金，扶養手当，勤務地手当，特殊勤務地手当などの合計額をいいます。

このように遺族に支給された弔慰金が，相続税の対象とならない一定金額以下であるかの判断をするために，被相続人の死亡が業務上の死亡か否か，及び被相続人の死亡直前の普通給与額の確認が必要となります。

第4章 7 事業用資産・その他の財産の確認と資料収集

1 事業用資産（負債）

被相続人が個人事業を行っていた場合，その事業に関する財産・債務が相続税の対象となります。具体的には次の財産債務などです。

- ・事業用預貯金
- ・売掛金，未収入金
- ・事業用不動産（土地・建物）
- ・上記以外の固定資産（減価償却資産）
- ・預け金
- ・買掛金，未払金
- ・預り金
- ・借入金など

これらの事業用資産（負債）は，所得税の準確定申告の集計で判明するものであり，準確定申告の段階で確認しておく資産（負債）です。

2 その他の財産

その他の財産は，例えば次のとおりであり，確認方法及び収集すべき資料は次のとおりです。

第4章　相続財産・債務の確認と資料収集

財産の種類	確認方法	収集すべき資料
ゴルフ会員権，リゾートクラブの会員権	・会員権としての証券 ・年会費等の支払い	・会員権のコピー ・預託金の預かり証のコピー
高額の車両	・車検や点検の支払金額（支払先）	・車種やグレードのわかる資料（パンフレットなど） ・登録年がわかる資料（車検証のコピー） ・最近の購入であれば取得価額がわかる資料
書画（絵画） 骨董 貴金属	・相続人へのヒアリング ・現物等の確認	・現物の写真 ・作者の名前 ・貴金属であれば石の種類や大きさ ・最近の購入であれば取得価額がわかる資料
庭園設備（庭木，庭石，あずまや，庭池等）	・相続人へのヒアリング ・現物等の確認	・現物の写真 ・庭木，庭石などの種類等がわかる資料 ・その庭園設備の調達価額がわかる資料（調達価額とは，課税時期においてその財産をその財産の現況により取得する場合の価額をいいます）
特許権等の無体財産権	・相続人へのヒアリング ・出願等を行った専門家（弁理士）への確認	・その権利に基づき将来受ける補償金の額がわかる資料 ・その将来受ける補償金の額が確定していないものについては，過去において取得した補償金の額のうち，その特許権の内容等に照らし，その特許権に係る経常的な収入と認められる部分の金額がわかる資料
施設への預け金 その他返金又は給付されてくる金額	・施設入居時の施設の預り金証書 ・お金を貸したことがわかる資料（金銭消費貸借契約書，預かり証など） ・未収の高額療養費	・預かり証のコピー ・金銭消費貸借契約書のコピー ・給付決定書等のコピー
同族会社への資金の貸付金，借入金	同族会社の決算書，科目内訳書	・金銭消費貸借契約書のコピー ・相続開始日現在の残高がわかる資料

63

| 第4章 | **8** | **債務の確認と資料収集** |

相続税の計算上，相続財産の価額から控除される債務は，相続開始の際現に存するもので，確実と認められるものが対象となります。また，確実と認められるものとは，必ずしも書面による証拠があるものに限られるわけではありません。

この債務控除の対象となる債務で一般的な債務は，下記で説明する債務です。

1 借 入 金

(1) 金融機関からの借入金

被相続人が金融機関から借入をしていれば，その銀行の預金口座から返済をしているはずです。そこで預金通帳を確認すれば，借入の有無が確認できます。この金融機関からの借入金の残高は，金融機関から発行される残高証明書より確認することになりますが，この残高証明書の入手は上記「4　現金・預貯金」の(2)残高証明書の発行依頼で，預金残高以外に借入残高の証明も同時に依頼することで入手できます。

(2) 金融機関以外からの借入金

金融機関であれば上記(1)に示した残高証明書で借入金の証明が可能ですが，金融機関以外からの借入金では，残高証明書は発行されません。そのためその借入金の存在から確認する必要があります。

具体的には，借入時に交わされた金銭消費貸借契約書の確認や，被相続人の口座にその借入金額が入金された事実の確認です。また，その後の返済すべてを確認して，現在の借入残高を説明できるようにしなければなりません。

債務控除の対象となる借入金の残高確認は，慎重に進めるべきです。

2 未納公租公課の確認

債務控除の対象となる未納公租公課は，一般的に次の公租公課が対象となります。

第4章　相続財産・債務の確認と資料収集

・被相続人に係るもので被相続人の死亡後相続人が納付する準確定申告にかかる
　所得税，消費税
・被相続人の死亡の際債務が確定している固定資産税，都市計画税
・上記同様被相続人の死亡の際債務が確定している住民税，事業税

　上記の未納公租公課は，納付書（領収書）を確認して，相続開始日現在未納で
あったか否かの確認をします。

③　預り保証金などの確認

　被相続人が不動産賃貸業を行っている場合，賃借人から保証金・敷金等を預かっ
ているのが一般的です。この保証金・敷金等のうち，賃借人の退去時に返金すべき
金額については，債務控除の対象となります。

　この場合，保証金・敷金等のうち退去時に返金しない金額が存在する場合があり
ます。この返金しない金額は債務控除の対象とはならないため注意が必要です。

　具体的には，賃貸借契約書などに一部返金しない旨の条項があるはずです。その
条項を確認することになります。

④　未払費用の確認

　例えば被相続人の生前に生じた次の費用で，その支払いが相続開始後に行われた
ものは，債務控除の対象となります。
・被相続人の医療費で未払額
・被相続人が利用した水道光熱費
・被相続人が利用した施設の利用料など

　これらの費用については，領収書より支払日が相続開始日後であることの確認が
必要です。また，銀行口座から自動的に引落される支払いについても，その利用が
生前であれば債務控除の対象となります。そのため相続開始日後に引落された費用
について，その利用日や利用期間を確認します。

65

第4章	9	葬式費用の確認と資料収集

　相続税の計算上，相続財産の価額から控除される葬式費用は，次に掲げる金額の範囲内のものです（相基通13-4）。

① 葬式若しくは葬送に際し，又はこれらの前において，埋葬，火葬，納骨又は遺がい若しくは遺骨の回送その他に要した費用（仮葬式と本葬式とを行うものにあっては，その両者の費用）

② 葬式に際し，施与した金品で，被相続人の職業，財産その他の事情に照らして相当程度と認められるものに要した費用

③ ①又は②に掲げるもののほか，葬式の前後に生じた出費で通常葬式に伴うものと認められるもの

④ 死体の捜索又は死体若しくは遺骨の運搬に要した費用

　よって，一般的な通夜，告別式に係る費用や，火葬に要する費用，またその際に振る舞われる食事やお手伝いの方への心付けなどが葬式費用の対象となります。

　これらの費用については，領収書などで内容や金額を確認することになりますが，領収書がもらえない心付けなどは，相続人が書いているメモなどから確認することになります。

　また，次に掲げるような費用は，葬式費用として取り扱われないため注意が必要です（相基通13-5）。

① 香典返戻費用

② 墓碑及び墓地の買入費並びに墓地の借入料

③ 法会に要する費用

④ 医学上又は裁判上の特別の処置に要した費用

第5章

相続財産の評価

　第4章で説明した資料が集まったら、その後集めた資料を基にして各財産の評価を行うことになりますが、第5章ではその財産の評価について説明します。

　第5章で、まずは相続税の課税価額に関する基本的な考え方を確認します。その後相続税の評価における解釈通達と位置づけられる「財産評価基本通達」をベースに、一般的な財産評価について財産ごとに区分して説明していきます。

第5章 1 相続税課税価額の基本的な考え方

1 課税価額の基本的な考え方

　相続税は，相続又は遺贈により取得した財産の価額の合計額をもって課税標準として，課税する税金です。

　この課税標準とすべき財産の価額については，「相続，遺贈又は贈与により取得した財産の価額は，当該財産の取得の時における時価による（相法22）」と規定されており，課税標準とすべき財産の評価額は時価であることが明文化されています。

　この相続税法22条が，相続税の課税価額の基本的な考え方です。

2 時価の意義と評価方法

　相続税の課税標準となるべき財産の価額は，時価によるとの規定ですが，時価とはどのような価額か，言い換えると時価の意義が問題となります。

　この時価については，財産評価基本通達1項において，「時価とは，課税時期において，それぞれの財産の現況に応じ，不特定多数の当事者間で自由な取引が行われる場合に通常成立すると認められる価額をいう」と定義されています。

　ただ，具体的な評価については，「その価額は，この通達の定めによって評価した価額による」とされており，財産評価基本通達に定めた評価の方法により評価する旨定められています。

3 財産評価基本通達の位置づけ

　財産の評価方法を定めた財産評価基本通達は，法律ではなく通達です。しかし納税者・税務当局双方の便宜等の意味で公開されて実務上重要な通達となっています。

　この財産評価基本通達は，相続税における時価評価をするための解釈通達として位置づけられています。

68

4 財産評価基本通達による基本的な財産評価

　本稿では，基本的な財産の評価を解説していくことになりますが，相続税における時価評価をするための解釈通達と位置づけられている，財産評価基本通達をベースに，基本的な財産評価及び留意点を解説することにします。

　なお，紙面の都合上細かな計算の解説は省略して，評価を進めるうえでの基本的なことや注意点等を中心に解説することとします。

<table>
<tr><td>第
5
章</td><td>2</td><td>土地の評価</td></tr>
</table>

❶ 土地の評価の原則

(1) 評 価 区 分

　土地の評価については，例えば宅地，田，畑，雑種地等の地目の別に評価します（評基通7）。ただし，一体として利用されている一団の土地が2以上の地目からなる場合には，その一団の土地は，そのうちの主たる地目からなるものとして，その一団の土地ごとに評価します。

　なお地目は，課税時期の現況によって判定します。

(2) 評 価 単 位

　土地の評価については，地目に応じた次に掲げる評価単位ごとに評価します（評基通7-2）。

① 宅　　地

　1画地の宅地（利用の単位となっている1区画の宅地をいう）を評価単位とします。

　「1画地の宅地」は，必ずしも1筆の宅地からなるとは限らず，2筆以上の宅地からなる場合もあり，1筆の宅地が2画地以上の宅地として利用されている場合もあります。

② 田及び畑

　田及び畑（農地）は，1枚の農地（耕作の単位となっている1区画の農地をいう）を評価単位とします。

　ただし，市街地周辺農地，市街地農地及び生産緑地は，それぞれを利用の単位となっている一団の農地を評価単位とします。

　「1枚の農地」は，必ずしも1筆の農地からなるとは限らず，2筆以上の農地からなる場合もあり，また，1筆の農地が2枚以上の農地として利用されている場合もあります。

③ 雑　種　地

　利用の単位となっている一団の雑種地（同一の目的に供されている雑種地をいう）を評価単位とします。

第5章　相続財産の評価

上記の他に,「山林, 原野, 牧場及び池沼, 鉱泉地」の地目に係る評価単位が定められていますが, 説明を省略します。

2　土地（宅地）の所在する地域による評価方式の違い

宅地の評価は, 所在する地域により, 次に掲げる区分に従い, それぞれ次に掲げる方式によって行います（評基通11）。

(1)　市街地的形態を形成する地域にある宅地

この地域に所在する宅地は, 路線価方式により評価します。路線価方式とは, その宅地の面する路線（道路）に付された路線価（1m²当たりの価額）を基とし, その路線価に地積を乗じて評価する方式をいいます（評基通13）。

〈基本的な計算式〉

> 路線価×評価対象地の地積(注)

(注)　地積については, 課税時期における実際の地積で評価します。

(2)　(1)以外の宅地

上記(1)以外の地域に所在する宅地については倍率方式により評価します。倍率方式とは, 固定資産税評価額に, 地域の実情に即するように定める倍率を乗じて計算した金額によって評価する方式をいいます（評基通21）。

〈基本的な計算式〉

> 評価対象地の固定資産税評価額×倍率

登記簿上の地積と実際の地積が違う場合において, 固定資産税評価額が登記簿上の地積をもとに評価されている場合, 実際の地積の評価額に換算して倍率を乗ずることになるため, 注意が必要です。

71

③ 路線価方式における加算及び補正等

　路線価方式については，側方路線影響加算，二方路線影響加算等の増額要素及び奥行補正，不整形地補正等の減額要素があります。一般的な補正等について，その増額，減額の理由は下記のとおりです。

加算率・補正率	加算・補正の理由
側方路線（二方路線）影響加算率	1系統の路線だけでなく，2系統以上の路線に接していると，利用できる間口が大きくなり，出入りの便が良くなるなど，1系統の路線に接する土地より価値が高くなります。そのため，正面以外の側方や二方（裏面）の路線価を影響させるために加算する補正です。
奥行価格補正率	宅地の価額は，道路からの距離が長い部分（奥行きが深い部分）は低くなるものと考えて，奥行き距離に応じて路線価を補正（減額）するものです。 　また，奥行きが極端に短い場合も，同様に補正（減額）されます。
間口狭小補正率	間口が狭小な土地は，出入りの便が悪いなど，利用効率が低下しているため，減額する補正です。
奥行長大補正率	奥行長大とは，間口に比べて奥行が長い土地で，その均衡がとれていない土地であり，利用効率が低下しているため，減額する補正です。
不整形地補正率	不整形地は，土地の一部について宅地としての機能を十分に発揮できない部分が生じ，整形地に比べて価値が低くなることから，減額する補正です。

　増額又は減額の計算については，加算率又は補正率が定められており，地区区分によりその率に違いがあります。具体的には補正率表等により地区区分に応じた加算率又は補正率を確認して，路線価にその率を乗じることにより計算します。

第5章　相続財産の評価

〔参考〕

土地及び土地の上に存する権利の評価についての調整率表

土地及び土地の上に存する権利の評価についての調整率表（平成31年1月分以降用）（抜粋）

① 奥行価格補正率表

地区区分／奥行距離m	ビル街	高度商業	繁華街	普通商業・併用住宅	普通住宅	中小工場	大工場
4未満	0.80	0.90	0.90	0.90	0.90	0.85	0.85
4以上 6未満		0.92	0.92	0.92	0.92	0.90	0.90
6 〃 8 〃	0.84	0.94	0.95	0.95	0.95	0.93	0.93
8 〃 10 〃	0.88	0.96	0.97	0.97	0.97	0.95	0.95
10 〃 12 〃	0.90	0.98	0.99	0.99	1.00	0.96	0.96
12 〃 14 〃	0.91	0.99	1.00	1.00		0.97	0.97
14 〃 16 〃	0.92	1.00				0.98	0.98
16 〃 20 〃	0.93					0.99	0.99
20 〃 24 〃	0.94					1.00	1.00
24 〃 28 〃	0.95				0.97		
28 〃 32 〃	0.96		0.98		0.95		
32 〃 36 〃	0.97		0.96	0.97	0.93		
36 〃 40 〃	0.98		0.94	0.95	0.92		
40 〃 44 〃	0.99		0.92	0.93	0.91		
44 〃 48 〃	1.00		0.90	0.91	0.90		
48 〃 52 〃		0.99	0.88	0.89	0.89		
52 〃 56 〃		0.98	0.87	0.88	0.88		
56 〃 60 〃		0.97	0.86	0.87	0.87		
60 〃 64 〃		0.96	0.85	0.86	0.86	0.99	
64 〃 68 〃		0.95	0.84	0.85	0.85	0.98	
68 〃 72 〃		0.94	0.83	0.84	0.84	0.97	
72 〃 76 〃		0.93	0.82	0.83	0.83	0.96	
76 〃 80 〃		0.92	0.81	0.82			
80 〃 84 〃		0.90	0.80	0.81	0.82	0.93	
84 〃 88 〃		0.88		0.80			
88 〃 92 〃		0.86			0.81	0.90	
92 〃 96 〃	0.99	0.84					
96 〃 100 〃	0.97	0.82					
100 〃	0.95	0.80			0.80		

② 側方路線影響加算率表

地区区分	加算率	
	角地の場合	準角地の場合
ビル街	0.07	0.03
高度商業、繁華街	0.10	0.05
普通商業・併用住宅	0.08	0.04
普通住宅、中小工場	0.03	0.02
大工場	0.02	0.01

4　評価前の確認事項

実際に土地を評価する前に，事前に次の確認が必要です。

(1)　実際の地積の確認

路線価方式で土地を評価する場合，路線価に地積を乗じて評価することになりま

すが，この場合の地積については，課税時期における実際の面積により評価する（評基通8）ことになります。実際の地積を確認するには，事前の収集した地積測量図を確認することになります。もし地積測量図がなければ，他の資料（登記簿謄本など）より客観的に見て信頼性の高い情報より地積を判断して，採用することになるかと思われます。

(2) 土地の所在場所の確認

路線価方式で土地を評価する場合，その土地に接する路線価で評価しますが，土地の所在が間違えていたら，接する路線価が違うだけではなく，地区区分や借地権割合まで違う場合があります。そのためできれば土地が所在する現地に赴き，事前に土地の所在を確認しておきます。

なお，倍率方式で評価する場合においても，倍率の適用地域が違うと倍率も違うため，事前に適用地域の確認もしておきます。

(3) 間口距離や奥行距離の確認

路線価方式で土地を評価する場合，奥行価格補正や間口狭小補正，奥行長大補正等の価格補正を利用して，評価額を少しでも小さくするよう検討するものですが，この際間口距離や奥行距離が必要となります。

この間口距離や奥行距離は，地積測量図等の図面で測定できますが，地積測量図がない場合は可能な限り土地が所在する現地に赴き，メジャー等で測って確認します。

(4) その他の確認事項

① 所有者の確認

事前に準備した登記簿謄本から，被相続人が所有者であることを改めて確認します。

② 接する路線の確認（評基通16から18）

側方又は裏面の路線価に接している場合，「側方路線影響加算」「二方路線影響加算」「三方又は四方路線影響加算」を，路線価に影響させて評価することになるため，土地が所在する現地等に赴き，どの路線に接しているかを確認しておく必要があり

第5章　相続財産の評価

ます。

③　特殊な評価の確認検討（評基通20から20-3，20-5）

不整形な土地，地積規模の大きな土地，無道路地，がけ地を有する土地については，評価額を下げる評価方法が適用できないかを，土地が所在する現地等に赴き，事前に検討します。

⑤　賃借人の権利が影響する土地の評価

借地人が存在する土地，又は借家人が存在する建物の敷地については，借地人又は借家人の権利が影響し，所有者の自由な利用が制限されるため，評価額算定上，貸地又は貸家建付地としての評価となり，自由に利用できる土地より評価額が低くなります。

この場合の注意点は下記のとおりです。

(1)　貸宅地の評価，貸家建付地の評価

①　貸宅地の評価

貸宅地とは，他の者に土地を貸している場合のその土地をいい，土地を借りている者の借地権が生じている土地です。この貸宅地の評価額は，借りている者の借地権価額を控除した後の価額となります。

なお借地人との借地関係の確認は，事前に準備した「土地賃貸借契約書」や土地所有者の不動産所得に関する収入明細で確認することになります。

〈貸宅地の評価〉

> 自用地としての価額×（1－借地権割合（注））

> （注）　借地権割合とは，借地人の権利を表す割合で，地域によって90%から30%まで区分されます。この割合は，路線価図であれば路線価の隣にアルファベットで示されており，倍率地域であれば，倍率表の借地権割合の欄に記載されています。
> 事前に準備した路線価図又は倍率表で確認します。

②　貸家建付地の評価

貸家建付地とは，自分の敷地にアパートやマンション等の貸家を建築し，その貸

家を他の者に貸している場合のその貸家の敷地をいいます。この貸家建付地の評価は、借地権のうちの建物を借りている者の借家権相当額を控除した後の価額となります。

〈貸家建付地の評価〉

> 自用地としての価額×（1－借地権割合×借家権割合(注1)×賃貸割合(注2)）

（注1） 借家権割合とは、借家人の権利を表す割合で、現在は一律30％です。
（注2） 賃貸割合とは、貸家のうち実際に賃貸している割合をいいます。具体的には次の算式で計算された割合です。

$$\frac{(A)のうち課税時期において賃貸されている各独立部分の床面積の合計}{当該家屋の各独立部分の床面積の合計(A)}$$

「独立部分」とは、他の部分と完全に遮断されている部分で、独立した出入口を有するなど独立して賃貸その他の用に供することができる部分をいい、一般的には賃貸する部屋のことです。

(2) 貸宅地に関する確認点

被相続人の関連会社が、無償返還の届出を提出して被相続人から土地を借りている場合があります。この場合被相続人の貸宅地の評価は、「自用地評価額×（1－借地権割合）」ではなく「自用地評価額×80％」となります。そのため事前に無償返還の届出については確認が必要です。

(3) 貸家建付地に関する確認点

貸家建付地評価となる部分は、賃貸している分のみです。例えば同じ広さの10部屋のうち7部屋を賃貸している場合には、その敷地も貸家建付地評価となるのは建物を賃貸している70％部分であり、残り30％部分は自用地評価です。

このように建物の賃貸している割合は、土地の評価額にも影響するため、賃貸している割合（賃貸割合）については正確な確認が必要です。

なおこの賃貸割合は、貸している部屋の床面積を利用して計算するのが一般的です。また空室の状況の確認は、準確定申告の不動産所得に関する収入明細で確認することになります。

第5章　相続財産の評価

6　小規模宅地の評価減について

(1)　小規模宅地の評価減について

　小規模宅地の評価減は，相続人の事業の継続や居住の継続への配慮の趣旨で設けられている特例規定で，事業用や居住用という相続人の仕事や生活の基盤となる財産について，高い相続税を課税するのを避ける目的で設けられたものです。

　この小規模宅地等の評価減は，一定の宅地について，一定の面積相当の評価額を減額して相続税の課税価格とする特例です。

　適用対象となる宅地等や減額対象の面積については下記のとおりです。

図表　適用対象となる宅地等

区　　分	状　　　　況		減額割合
事業用宅地等	被相続人等の事業用宅地等	被相続人等事業用宅地等 （特定事業用宅地等）	80%
		同族会社事業用宅地等 （特定同族会社事業用宅地等）	80%
		不動産貸付事業用 （貸付事業用宅地等）	50%
居住用宅地等	被相続人の居住用宅地等 （特定居住用宅地等）		80%
	被相続人と生計一の親族の居住用宅地等 （特定居住用宅地等）		80%

小規模宅地の種類	内　　　容
特定事業用宅地等	相続開始の直前において被相続人等の事業（貸付事業を除く）の用に供されていた宅地等で一定のものをいいます。
特定同族会社事業用宅地等	相続開始の直前から相続税の申告期限まで，被相続人等が法人の発行済株式の総数の50%超を有している法人の事業（貸付事業を除く）の用に供されていた宅地等で一定のものをいいます。
貸付事業用宅地等	相続開始の直前において被相続人等の貸付事業の用に供されていた宅地等で一定のものをいいます。
特定居住用宅地等	相続開始の直前において被相続人等の居住の用に供されていた宅地等で一定のものをいいます。

77

〈減額対象となる面積〉

ア　貸付事業用宅地等が含まれない場合の限度面積計算

特定事業用（同族会社事業用を含む）宅地等≦400m²

特定居住用宅地等≦330m²

⇒合計　730m²

イ　貸付事業用宅地等が含まれる場合の限度面積計算

特定事業用（同族会社事業用を含む）宅地等 $\times \dfrac{200}{400}$ +

特定居住用宅地等 $\times \dfrac{200}{330}$ + 貸付事業用宅地　≦　200m²

(2)　小規模宅地の評価減適用上の留意点

　小規模宅地の減額割合が同じ宅地等が複数存在した場合の減額対象土地の選択は，平米当たりの評価額の高い宅地から選択したほうが有利になります。

　しかし，小規模宅地の評価減の対象に選ばれた宅地を取得する相続人の相続税額は減少しますが，それ以外の相続人の相続税額には大きな影響はありません。そのため，小規模宅地の対象となる土地を取得する相続人とその他の相続人との税額等のバランスも考慮して選択すべきでしょう。

第5章　相続財産の評価

第5章 3 | 家屋の評価

1 基本的な家屋の評価額計算

(1) 自用家屋の場合

自由家屋とは，自己の使用に供されている家屋をいいます。

自用家屋の評価額は下記の計算式のとおりです。

〈自用家屋の評価〉

> 家屋の固定資産税評価額×倍率（1.0）

(2) 貸家の場合

貸家とは，他の人に家屋を貸して賃料を受けとっている家屋をいいます。

貸家の評価額は，借家人の権利が影響している分，所有者の自由な利用が制限されるため，評価額計算は，下記のとおり，借家人の権利相当額を控除した評価額となります。

〈貸家の評価〉

> 家屋の固定資産税評価額×倍率（1.0）×（1－借家権割合×賃貸割合）

この場合，貸家建付地評価での注意点と同様，貸家の評価においても賃貸割合の確認が必要です。

(3) 建築中の家屋の場合

建築中の家屋については，固定資産税評価額は存在しません。そのため課税時期までに建築にかかった費用をベースに評価することになります。

79

〈建築中の家屋の評価〉

> 課税時期までの投下された費用現価×0.7

❷ 評価前の確認事項

　家屋の評価を進める前に事前に確認しておくべきこと，準備しておく資料は，下記のとおりです。

(1)　事前に確認しておくべきこと

　事前に確認しておくべきことは，評価対象家屋の利用状況です。被相続人が別荘として利用している場合には，自分で使っている家屋であり評価は自用家屋評価ですが，一部でも賃貸している場合には，貸家評価の計算も必要となるため，家屋の使われ方の確認が必要です。

　また貸家評価を行う場合には，賃貸割合の確認も必要となります。

　なお，賃貸している家屋の確認や賃貸割合の確認は，被相続人の準確定申告における不動産所得の明細からも確認できます。

(2)　準備しておく資料

　家屋評価の基準となる金額は，固定資産税評価額です。そのため固定資産税評価証明を事前に準備しておきます。

　この場合被相続人の死亡の年の評価額が基準となるため，死亡年の翌年に入手する際には，評価額の対象年に注意する必要があります。

第5章　相続財産の評価

| 第5章 | **4** | **上場株式等** |

1 評価前の確認事項

　被相続人の所有する上場株式等を評価するには，被相続人がどの銘柄の株式等を何株又は何口所有しているかを確認しなければなりません。

　そこで事前に証券会社等が発行した残高証明書を準備して，被相続人の所有株式等を確認することになります。

2 上場株式の評価

　上場株式とは，金融商品取引所に上場されている株式等をいい，日々取引されているため，取引相場がある株式です。

　この取引相場が時価を表す価格であるため，上場株式の評価は課税時期の最終価格で評価することになります（評基通169）。

　しかし，次の3つの価格のうち最も低い価格が，課税時期の最終価格を下回る場合には，その最も低い価格により評価します。

　①　課税時期の属する月の毎日の最終価格の月平均額

　②　課税時期の属する月の前月の毎日の最終価格の月平均額

　③　課税時期の属する月の前々月の毎日の最終価格の月平均額

3 最終価格の月平均額の調べ方

　上記 **2** の評価で，「最終価格の月平均額」については，日本取引所グループのホームページの月間相場表の，各月の「終値平均」で調べることができます。この「終値平均」は，普通取引の日々の終値合計を値付日数で除した平均値であり，この金額が評価上で必要な月平均額です。

81

第5章

5　取引相場のない株式（非上場株式）

1　評価前の確認事項

　被相続人の所有する非上場株式等を評価するには，被相続人がどの会社の株式を何株所有しているのかの確認と，その評価すべき会社の，直近3期分の法人税申告書一式がそろっているかを確認して，具体的な評価を進めることになります。

2　取引相場のない株式の評価の考え方

　評価をすべき会社は大小様々です。また株主の支配関係も100％支配から株主が複数おり，少数株主が多い会社まで様々です。この様々な会社を一律の基準で評価をすることはできないため，支配株主が所有する株式，少数株主が所有する株式に区分して，また規模の大きな会社（大会社），中堅規模の会社（中会社），規模の小さい会社（小会社）に区分して評価額を計算することになります。

　具体的な評価方式は次のとおりです。

① **株式所有割合による区分**

　支配株主（同族株主等）の評価方式

　　……原則的な評価方式（類似業種比準方式，純資産価額方式）

　少数株主（同族株主等以外の株主）の評価方式

　　……例外的な評価方式（配当還元方式）

② **会社規模による区分**

　支配株主所有の大会社の株式の評価方式

　　……類似業種比準方式（純資産価額方式の選択可）

　支配株主所有の中会社の株式の評価方式

　　……類似業種比準方式と純資産価額方式の併用方式（純資産価額方式のみの選択可）

　支配株主所有の小会社の株式の評価方式

　　……純資産価額方式（類似業種比準方式との併用方式選択可）

82

第5章　相続財産の評価

少数株主所有の株式（すべての会社）の評価方式

……配当還元方式

③　評価方式の概要

(1)　類似業種比準方式

　類似業種比準方式とは，評価をする会社の事業内容と類似する業種の上場会社（類似業種）の株価を基として，評価会社の1株当たりの類似業種比準価額を計算する方式です。

　具体的には評価会社と類似業種の1株当たりの配当金額，利益金額及び純資産価額を比較して比準割合を求め，その比準割合を上場会社の株価に乗じ，さらにその計算した株価の70％相当額によって評価する方式をいいます。

　なお最後に乗ずる70％は，中会社を評価する場合は60％，小会社を評価する場合は50％となります。

(2)　純資産価額方式

　純資産価額方式とは，評価会社の資産の相続税評価額の合計額から，評価会社の負債の金額の合計額を控除し，さらに評価差額に対する法人税額等に相当する金額を控除した金額を算定し，その金額を発行済株式数で除して1株当たりの純資産価額を計算する方式です。

(3)　配当還元方式

　配当還元方式とは，その評価会社の配当金額を，一定の利益率で還元して元本である株式の価額を求め，その価額を評価額とする方式です。

④　基本的な評価手順（特定の評価会社以外）

(1)　評価対象者が支配株主の場合

　①　評価会社の株主名簿及び親族関係図などから，会社の支配関係等を確認します（株式を取得する相続人が支配株主（同族株主）であることを確認する）。

83

② 評価会社の決算報告書・法人税申告書を直前期以前3期分準備します。

③ 評価会社の期末従業員数を確認します。

④ 評価会社の総資産価額，従業員数，1年間の取引金額から会社の規模を判定します。

⑤ 評価会社が所有する財産で評価が必要な財産（不動産，有価証券，生命保険など）があれば，その財産の評価に必要な資料を収集し，評価します。

⑥ 評価会社の財産の評価が終了したら，評価会社の純資産価額を計算します。

⑦ 日本標準産業分類より評価会社の業種を判断し，国税庁が公表している類似業種の株価等を準備します。

⑧ 評価会社の類似業種比準価額を計算します。

⑨ 評価会社の評価方式が，類似業種比準方式と純資産価額方式との併用方式の場合は，それぞれの価額を調整して1株当たりの評価額を計算します。

⑵ 評価対象者が少数株主の場合

① 評価会社の株主名簿及び親族関係図などから，会社の支配関係等を確認します（株式を取得する相続人が少数株主（同族株主等以外の株主）であることを確認する）。

② 評価会社の決算報告書・法人税申告書を直前期以前2期分準備します。

③ 評価会社の配当金額を確認し，非経常的な配当金額がないかを確認します。

④ 評価会社の配当還元価額を計算します。

第5章　相続財産の評価

第5章 6 　非上場株式（特定の評価会社の株式）

「特定の評価会社の株式」とは，評価会社の資産の保有状況，営業の状態等に応じて定めた次に掲げる評価会社の株式をいい，その株式の価額は，それぞれ次に掲げるところにより評価します（評基通189）。

1 　類似業種比準価額の比準要素数1の会社の株式

比準要素数1の会社の株式とは，類似業種比準方式の計算において評価会社の「1株当たりの配当金額」，「1株当たりの利益金額」及び「1株当たりの純資産価額（帳簿価額によって計算した金額）」のそれぞれの金額のうち，いずれか2要素が0であり，かつ，直前々期末を基準にして計算した場合においても，2要素以上が0である評価会社の株式をいいます。

比準要素数1の会社の株式の評価は，純資産価額方式によって評価します。ただし，納税義務者の選択により，類似業種比準価額方式の評価額を0.25のウエイト，純資産価額方式の評価額を0.75ウエイトとして評価することができます（評基通189-2）。

2 　株式等保有特定会社の株式

株式等保有特定会社の株式とは，課税時期において評価会社の有する各資産を財産評価基本通達に定めるところにより評価した価額の合計額のうちに占める株式，出資及び新株予約権付社債（「株式等」という）の価額の合計額の割合が50％以上である評価会社の株式をいいます。

株式等保有特定会社の株式の評価は，純資産価額方式によって評価します。ただし，納税義務者の選択により，「S1＋S2方式」により評価した評価額とすることができます（評基通189-3）。

この「S1＋S2方式」とは，その会社の保有している資産を，「その会社が保有している株式などの価額（S2）」と「その他の部分の価額（S1）」に分けて株価の評価

85

を行う方式です。

　なお株式等保有特定会社の株式は，次の**3**から**6**までのいずれかに該当する株式は除かれます。

3　土地保有特定会社の株式

　土地保有特定会社とは，次に掲げる会社です。
　イ　大会社及び一定の小会社(注)の場合，土地保有割合が70％以上である会社
　ロ　中会社及び一定の小会社(注)の場合，土地保有割合が90％以上である会社

　　（注）　一定の小会社
　　　　　　土地保有割合が70％以上で土地保有特定会社に該当する一定の小会社とは，総資産価額（帳簿価額によって計算した金額）が，評価会社の事業が卸売業に該当する場合には20億円以上，卸売業以外に該当する場合には15億円以上の会社です。
　　　　　　土地保有割合が90％以上で土地保有特定会社に該当する一定の小会社とは，総資産価額（帳簿価額によって計算した金額）が，評価会社の事業が卸売業に該当する場合には7,000万円以上，小売・サービス業に該当する場合には4,000万円以上，卸売業，小売・サービス業以外に該当する場合には5,000万円以上で，土地保有割合が70％以上で土地保有特定会社に該当する一定の小会社に該当しない会社です。

　なお土地保有割合とは，その有する各資産を財産評価基本通達の定めるところにより評価した価額の合計額のうちに占める土地等の価額の合計額の割合をいいます。
　土地保有特定会社の株式の評価は，純資産価額方式によって評価します（評基通189－4）。
　なお土地保有特定会社の株式は，次の**4**から**6**までのいずれかに該当する株式は除かれます。

4　開業後3年未満の会社等の株式

　開業後3年未満の会社等の株式とは，次の①又は②に該当する株式をいいます。
①　開業後3年未満の会社の株式
②　類似業種比準方式の「1株当たりの配当金額」，「1株当たりの利益金額」及び「1株当たりの純資産価額」のそれぞれの金額がいずれも0である会社の株式

第5章　相続財産の評価

　開業後3年未満の会社等の株式の評価は，純資産価額方式によって評価します（評基通189-4）。

5　開業前又は休業中の会社の株式

　開業前の会社の株式とは，会社設立後開業準備中の会社の株式であり，休業中の会社の株式とは，休業して売上の計上のない状態の会社の株式です。

　開業前又は休業中の会社の株式の評価は，純資産価額方式によって評価します（評基通189-5）。

6　清算中の会社の株式

　清算中の会社の株式とは，解散決議後の清算手続き中の会社の株式です。

　清算中の会社の株式の評価は，清算の結果分配を受ける見込みの金額の課税時期から分配を受けると見込まれる日までの期間に応ずる基準年利率による複利現価の額によって評価します（評基通189-6）。

| 第5章 | **7** | **預 貯 金** |

① 評価前の確認事項

　預貯金については，実際の通帳や証書と，金融機関からの残高証明書を照合して，残高の確認から始まります。そのため，金融機関からの残高証明書がそろっているかを評価前にチェックしておく必要があります。

② 定期預金の評価

　預貯金については，額面額が評価額であるため，額面額に対する評価の問題はありません。

　しかし長期間預けている定期預金，定期郵便貯金及び定額郵便貯金は，預けている期間の利息（既経過利息）が生じており，この利息相当額を計算して，預け入れている額面額に加算して評価することになります。

　具体的な定期預金等の評価は，課税時期における預入高と，課税時期現在において解約するとした場合に既経過利子の額として支払を受けることができる金額の合計額によって評価することになります（評基通203）。

　なお，定期預金，定期郵便貯金及び定額郵便貯金以外の預貯金については，課税時期現在の既経過利子の額が少額なものに限り，既経過利息を加味せず，課税時期現在の預入高によって評価することになります。

③ 既経過利息の計算

　定期預金等の評価上残高に加算される既経過利息の金額は，支払を受けることができる既経過利子の額から，その利息額につき源泉徴収されるべき所得税等の額に相当する金額を控除した金額となります（評基通203）。

第5章　相続財産の評価

4　金融機関への確認（既経過利息計算の依頼）

　定期預金等の評価をするためには，既経過利息の計算をすることになりますが，既経過利息の計算には，「預入日」と「課税時期で解約した場合の利率」の確認が必要です。「預入日」は預金証書や通帳から確認ができると思われますが，「課税時期で解約した場合の利率」については，預入金融機関への確認が必要です。

　なお一般的に「課税時期で解約した場合の利率」は，普通預金の利率を用いるようですが，その場合の利率が何パーセントなのかの確認が必要となります。

　また積立定期預金など，複数の定期預金が合算されている場合の既経過利息の計算については，その利息計算が複雑になります。そのため預入金融機関に，既経過利息の計算を依頼することも検討すべきでしょう。

89

| 第5章 | 8 | 生命保険契約に関する権利 |

1 生命保険契約に関する権利とは

　被相続人が死亡して，保険金を受け取った場合には，その受け取った保険金額が相続税の対象となる金額です。

　しかし，被相続人が保険料を負担していても，被保険者が被相続人ではない場合，被相続人が死亡しても保険金を受け取ることはありません。

　このような保険については，保険契約者が解約返戻金等を受け取る権利がありますが，保険料負担者が被相続人の場合，被相続人の権利を相続することになります。これが「生命保険契約に関する権利」です。

　この「生命保険契約に関する権利」については，保険事故が生じていないため保険金が支払われるわけではありません。そのため，この「生命保険契約に関する権利」については，その権利の金額を評価して相続財産として課税対象としなければなりません。

2 生命保険契約に関する権利の評価

　「生命保険契約に関する権利」は，相続開始の時においてその契約を解約するとした場合に支払われることとなる解約返戻金の額によって評価することになります。なお解約返戻金のほかに支払われることとなる前納保険料の金額，剰余金の分配額等がある場合にはこれらの金額を加算し，解約返戻金の額につき源泉徴収されるべき所得税等の額に相当する金額がある場合にはその金額を減算して評価します（評基通214）。

　この解約返戻金や剰余金の分配額などは，生命保険会社に確認することになりますが，具体的な手続きは，生命保険会社に聞いて進めるべきでしょう。この場合，時間に余裕をもって確認します。

　なお上記の生命保険契約には，一定期間内に保険事故が発生しなかった場合において返還金その他これに準ずるものの支払がない生命保険契約は含まれません。そ

のため返還金等の支払いのない生命保険契約に関する権利については評価額ゼロです。

<table>
<tr><td>第
5
章</td><td>9</td><td>その他の財産</td></tr>
</table>

1 庭 園 設 備

　被相続人の住まいに豪華な庭がある場合には，その庭園設備（庭木，庭石，あず まや，庭池等）も相続財産となり課税価額に加算して相続税の対象となります。

　この場合，庭園設備の価額は，その庭園設備の調達価額（課税時期においてその 財産をその財産の現況により取得する場合の価額）の100分の70に相当する価額に よって評価します。

2 貸 付 金

　同族会社を経営しているオーナーが被相続人の場合，その同族会社に資金を貸付 けていることが考えられますが，その貸付金も相続財産となります。そのため，同 族会社等を経営しているオーナーが死亡した場合，被相続人であるオーナーに関す る債権・債務を確認します。

　この場合貸付金の評価については，返済を受けるべき元本の金額に，課税時期現 在支払いを受けるべき既経過利息を加算した金額となります（評基通204）。

3 ゴルフ会員権

　被相続人の趣味がゴルフであった場合，その被相続人はゴルフ会員権を所有して いる可能性があります。このゴルフ会員権も相続財産として課税価額に加算するこ とになります。

　この場合，ゴルフ会員権の評価額は，次の区分に従いそれぞれ次のとおりです （評基通211）。

(1) 会員権相場のある会員権

　通常の取引価格の70％に相当する金額によって評価します。

この場合において，取引価格に含まれない預託金等があるときは，返還時期に応じて評価した預託金等を加算して評価します。

(2) 会員権相場のない会員権

イ 株主でなければゴルフクラブの会員となれない会員権

その会員権に係る株式について，株式として財産評価基本通達の定めにより評価した課税時期における株式の価額に相当する金額によって評価します。

ロ 株主であり，かつ，預託金等を預託しなければ会員となれない会員権

その会員権について，株式と預託金等に区分し，それぞれ次に掲げる金額の合計額によって評価します。

(イ) 株式の価額

財産評価基本通達の定めにより評価した課税時期における株式の価額

(ロ) 預託金等

返還時期に応じて評価した預託金等の価額

ハ 預託金等を預託しなければ会員となれない会員権

返還時期に応じて評価した預託金等の価額で評価します。

なお，株式の所有を必要とせず，かつ，譲渡できない会員権で，返還を受けることができる預託金等がなく，ゴルフ場施設を利用して，単にプレーができるだけのものについては評価しません。

第6章

遺産分割の進め方

　第5章で説明した財産評価が終了したら，次にその財産を誰が相続するかを決めなければなりません。

　第6章では財産を誰が相続するかを相続人間で決めるための資料作りや分割案の作成手順，遺産分割に関する税務上の留意点について説明します。

　この手順は，遺言がなく，また相続人間で争いがないことが前提となる説明です。

第6章 1 遺産分割協議のための資料作り

　日本の相続税の課税方式は，遺産取得課税方式をベースにした課税であり，相続財産を取得した相続人に課税する方式です。よって，遺産の取得者が定まらないと相続税は確定できないことになります。

　相続人が相続財産を取得する方法は，ほとんどは遺言による取得か，遺産の分割協議による取得ですが，遺産の分割協議に関する一般的な税理士の仕事を確認します。

　相続人は相続財産について，概要は理解していても，細かい点までは知らないものです。しかし税理士は，財産調査で確認した被相続人の財産について，財産評価を行い，相続税申告の準備を行っており，被相続人の財産の詳細を把握しています。そこで税理士が把握している被相続人の財産情報を，相続人に伝えて遺産分割のために利用します。

　一般的な遺産分割までの手順は次のとおりです。

① 税理士が財産・債務リスト（目録）を作成する

② 相続人が財産・債務リストを基に，遺産分割案を作成する

③ 税理士が遺産分割案に基づいて，各相続人の相続税額を計算する

④ 相続人は相続税額を確認し，再度遺産分割を検討し，遺産分割を確定する

　上記の手順について，それぞれの留意点は，次のとおりです。

１ 財産・債務リストの作成

　税理士は把握している被相続人の財産・債務の情報から，被相続人の財産・債務リストを作成します。

　この財産・債務リストを作成するにあたり，例えば預金を合計額で示すことをせずに，銀行別，預金の種類別，さらに口座番号別など，詳細なリストを作成します。またこのリストは，一覧できる表形式の方が確認しやすいと思われます。

　この場合，不動産・預貯金・有価証券など，リストに並べる財産の順番には留意すべきことはありませんが，財産の種類ごとにまとめてある方が望ましいと思われ

96

ます。

　なお，相続人の納税資金の検討のためにも，預貯金や上場有価証券などの換金性の高い財産と，不動産，事業用資産などの換金性の低い財産を区別してまとめます。

② リストに基づく分割案の作成

　相続人は，上記 **1** の財産・債務リストに基づき，相続人間で話し合って遺産の取得者を検討することになります。この際税理士としては，基本的には話し合いに参加しないことになります。

　しかし，小規模宅地等の特例など，財産の取得者によっては特例が適用できる場合と適用できない場合があるため，特例適用可能な取得者が存在すればそれを伝えて，相続税額を抑えるアドバイスは行うことになるでしょう（分割案作成時の税理士のアドバイスについては，下記 **2** において説明する）。

　なお相続税評価額だけで分割を考えるのか，その後財産から得られる利益（財産の収益性）も加味して分割を考えるかは，相続人の判断となるでしょう。この場合相続財産（特に賃貸不動産）について，その後の収支予想の資料の作成依頼が予想される場合には，財産調査時や準確定申告時に資料収集しておくべきでしょう。

　また遺産分割の方法には，現物分割だけではなく，代償分割，換価分割もあることも伝え，様々な分割方法を考慮した分割案も検討してもらいます（遺産分割の方法については，下記 **3** において説明）。

③ 遺産分割案に基づき，相続税額の計算

　税理士は，上記 **2** において遺産の分割案が整ったならば，その分割案に基づき，相続税の計算を行い，相続人に伝えることになります。

　なお，相続税の計算作業は，上記 **2** の分割案の作成と一緒に行い，各相続人の税負担を考慮した分割案作りを行うこともあります。

4 相続税額に基づき，遺産分割案の再検討，確定

相続人は，上記 **3** の相続税額に基づき，各相続人のその負担額や，納税資金を考慮して，再度分割案を検討し，最終的に確定させることになります。

上記の手順の中で，「**2** 分割案の作成」，「**3** 相続税の計算」，「**4** 分割案の再検討」を繰り返す場合もあり，遺産分割の確定には時間がかかる場合もあります。そのため，財産調査や財産評価は早めに進めて，早めに財産・債務リストを作成します。

第6章　遺産分割の進め方

第6章 2 分割案作成のための税務上の留意点

1 配偶者の税額軽減適用と二次相続

　財産の取得者によっては，相続税の特例が適用できることがあります。この特例の1つに「配偶者に対する相続税額の軽減（配偶者の税額軽減）」特例があります。

　この「配偶者の税額軽減」特例は，被相続人の財産形成に対する配偶者の貢献を考慮して，配偶者の法定相続分相当額又は1億6,000万円までは相続税額を軽減（ゼロに）する規定です。

　この規定を最大限に適用するためには，相続人が配偶者と子供の場合，被相続人の財産のうち半分か1億6,000万円までを配偶者に取得させる遺産分割を行うことになり，そのような分割により今回の相続税を低く抑えることになります。

　しかし配偶者は被相続人と同一の世代であるため，近いうちに二次相続が生ずることを考慮すべきであり，二次相続時の相続税額も計算して検討すべきでしょう。

2 小規模宅地の特例が適用可能な相続人について

(1) 特例適用が可能な相続人についてのアドバイス

　財産の取得者によっては，相続税の特例が適用できることがあることは前述のとおりですが，代表的な特例のもう1つに「小規模宅地等についての相続税の課税価格の計算の特例（小規模宅地等の特例）」があります。

　この小規模宅地等の特例は，被相続人の事業用又は居住用の宅地等につき，一定の要件に該当する相続人が取得する宅地等については，一定面積まで，評価額の80％（一部50％）の減額がされる特例です。

　この特例については，特例の適用が可能な相続人と適用が不可となる相続人がいるため，相続税額を少なくするために，特例の適用が可能な相続人についてアドバイスすることも必要になるでしょう。

　なお特例の適用が可能な相続人は，下記のとおりです。

99

図表 小規模宅地等の特例の適用が可能となる相続人	
特例対象宅地等	**小規模宅地等の特例の適用が可能となる相続人**
被相続人の事業の用に供されていた宅地等	被相続人の事業を，相続税の申告期限までに引き継ぎ，その申告期限までその事業を営んでいる相続人（その宅地等を相続税の申告期限まで有していること）
一定の法人の事業の用に供されていた宅地等	相続税の申告期限において，その法人の役員である相続人（その宅地等を相続税の申告期限まで有していること）
被相続人の居住の用に供されていた宅地等	被相続人の配偶者
	被相続人と同居していた相続人（申告期限まで，引き続きその家屋に居住し，その宅地等を申告期限まで有している場合）
	被相続人と同居していない相続人（その宅地等を相続税の申告期限まで有していること） なお被相続人に配偶者がいないこと，相続開始前3年以内に日本国内にある相続人又は相続人の配偶者，相続人の三親等内親族等の所有する家屋に居住したことがないこと等，複数の要件があますが，詳細は省略します。

(2) 特例適用の対象宅地が複数ある場合

　被相続人が不動産賃貸業を営んでいた場合には，小規模宅地等の特例の対象となる貸付事業用宅地等が多く存在することになります。この場合，どの宅地を選択すべきかが問題となりますが，全体の相続税を低くするためには，減額金額が多くできる宅地（平米単価が高い宅地）を限度面積まで選択します。

　そこで税理士としては，小規模宅地等の特例として一番減額が大きくなる宅地等はどの宅地かを確認して，相続人に伝える必要があると思われます。

　なお，小規模宅地等の特例については，その対象となり得る宅地等を取得した全ての相続人の同意がなければ，この特例の適用が受けられないため，特例の適用が可能な宅地等を取得したが，特例の適用をしなかった相続人についても，他の土地を特例の適用対象地にしたことに対して理解を得る必要があります。

第6章 遺産分割の進め方

③ 事業関係の財産・債務の承継者について

　例えば被相続人が生前に行っていた事業が2種類あり，それぞれの事業をそれぞれ別の相続人が承継する場合には，A事業に関する財産・債務はA事業の承継者に，B事業に関する財産・債務はB事業の承継者に相続させます。

　この場合，各財産・債務がどの事業の財産・債務なのかは，税理士として整理しておきます。

101

第6章 3 分割方法

　遺産の分割方法には，現物分割，代償分割，換価分割の3種類あり，具体的には下記のとおりです。

① 現物分割

　現物分割とは，原則的な分割の方法であり，遺産を現物のまま分割する方法です。この現物のまま分割とは，遺産が土地なら土地のまま，預金なら預金のままの状態で分割することをいいます。

② 代償分割

　代償分割とは，相続人の1人又は複数の相続人が相続財産を現物で取得し，その相続人が他の相続人に対して債務を負担する分割方法です。

　具体的には，相続人Aが1億円の土地を現物で取得し，他の相続人Bに5,000万円の代償金を支払う形式の分割方法です。

　この代償分割については，遺産分割協議書に相続人Aは代償債務5,000万円，相続人Bは代償債権5,000万円と記載することになります。

③ 換価分割

　換価分割とは，相続人が相続により取得した財産を換価し，その換価代金を分割する分割方法であり，具体的な換価分割は，複数の相続人が共同で相続したのちに換価し換価代金を分割する手続きです。

　なお換価分割をする場合は，遺産分割協議書にそのことを明記する必要があります。

<遺産分割協議書への記載例>

　相続人A，相続人Bは，下記不動産を売却換価し，売却代金から売却に伴う諸費用を控除した金額を，相続人A，相続人Bが2分の1ずつ取得します。
　　対象不動産……省略

　また，換価分割をすると譲渡所得にかかる所得税も課されますが，相続税額の取得費加算の特例（措法39）の適用は可能です。

第7章

相続税額の計算の流れ

　第6章で相続財産の分割を検討する上で,各相続人の相続による取得財産とその財産取得に伴う相続税額を伝えて,相続人に遺産分割を検討してもらうなど,その進め方を説明しました。
　第7章では,その相続税額を計算する手順など,相続税計算の一連の流れについて説明します。

第7章 1 相続税計算の流れの概要

　相続税は，相続又は遺贈（相続等）により財産を取得した相続人又は受遺者（相続人等）が納税義務者となる税金です。そのため各相続人等の相続により取得する財産，承継する債務を把握し，その取得財産・承継債務に応じた相続税額を計算することになります。

　この相続税額の計算の流れは，次のとおりです。

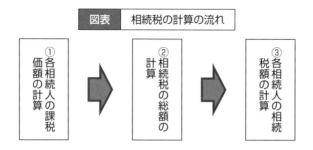

図表　相続税の計算の流れ

① 各相続人の課税価額の計算 → ② 相続税の総額の計算 → ③ 各相続人の相続税額の計算

　なお，わが国の相続税額の計算は，「②相続税の総額の計算」に特徴がある計算方式がとられており，その点も含めて次から説明します。

第7章 2 各相続人の課税価格の計算

相続に際し，相続人等が相続財産を取得する又は債務を承継する方法は，通常は遺言による取得か遺産分割協議による取得です。この遺言又は分割協議により，各相続人が取得する財産や承継する債務が確定することになり，それにより各相続人の課税価格が算定できるようになります。

なお課税価格の計算は次のとおりです。

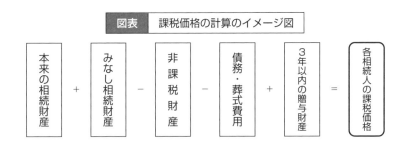

図表　課税価格の計算のイメージ図

本来の相続財産 ＋ みなし相続財産 － 非課税財産 － 債務・葬式費用 ＋ 3年以内の贈与財産 ＝ 各相続人の課税価格

1 本来の相続財産・みなし相続財産とは

(1) 本来の相続財産とは

本来の相続財産とは，被相続人に帰属する財産や権利をいいます。被相続人名義の預金は当然ですが，例えば家族名義の預金であっても，実質的には被相続人に帰属するものであれば，本来の相続財産に含まれます。

本来の相続財産は，次のような財産などをいいます。

・不動産（土地，家屋）
・土地を借りて使用する権利（借地権）
・株式（上場，非上場）等
・預貯金
・事業用資産（未収入金，固定資産，預け金）
・貸付金，預け金
・貴金属，書画骨董品

(2) みなし相続財産とは

　みなし相続財産とは，被相続人に帰属する財産ではありませんが，被相続人の死亡によって相続人が受け取れる財産であるため，相続税の計算上は，本来の財産と同様，相続税の課税対象財産となる財産をいい，具体的には次のような財産をいいます。

- ・生命保険金等
- ・生命保険契約に関する権利
- ・定期金に関する権利
- ・退職手当金等

❷　相続税の非課税財産とは

　相続税の非課税財産とは，被相続人に帰属する財産であっても，公益性のある財産や政策的な見地や国民感情の面から，相続税の課税対象としない財産をいい，代表的な非課税財産は次のような財産です。

- ・一定の公益事業者が取得した公益事業用財産
- ・申告期限までに国，地方公共団体等に寄附をした財産
- ・生命保険金等のうち，一定の金額
- ・退職手当金等のうち，一定の金額

❸　控除される債務・葬式費用とは

(1) 控除される債務とは

　控除される債務とは，被相続人の債務で，相続開始の際現に存するものをいい，例えば次のような債務をいいます。

- ・借入金
- ・事業上の債務（事業上の未払金，預り金，借入金など）
- ・未払金（未払医療費，未払水道光熱費など）
- ・未納公租公課など

第7章　相続税額の計算の流れ

⑵　控除される葬式費用とは

　控除される葬式費用とは，被相続人の葬儀費用で，次のような費用です。

　・通夜，告別式等の葬儀費用

　・葬式に際して施与した金品

　・葬式の前後で生じた葬式に伴う費用など

　なお，香典返礼費用，初七日等の法要費用，墓地等の購入費用は，控除される葬式費用には該当しません。

⑶　控除対象者，控除額

　債務及び葬式費用の控除が可能な者は，相続人又は包括受遺者です。またその控除額は相続人又は包括受遺者が負担した金額です。

　包括受遺者とは包括遺贈の受遺者のことです。包括遺贈とは，遺贈する財産を限定するのではなく，例えば「財産の3分の1を○○に遺贈する」というような，分配割合等で示す遺贈です。包括受遺者は相続人と同一の権利義務を有することになり，財産だけでなく，債務も引き継ぐことになるため，相続税の計算上も債務控除が可能な者となっています。

4　3年以内の贈与財産とは

　3年以内の贈与財産とは，暦年課税贈与を適用している者が，被相続人の相続開始前3年以内に受けた贈与により取得した財産をいい，この3年以内に受けた贈与により取得した財産は，相続税の計算上相続人等の取得財産とされて各相続人の課税価格が計算されます。

　この適用対象者は，被相続人から相続又は遺贈により財産を取得した相続人又は受遺者です。そのため，相続開始前3年以内に贈与を受けた者でも，相続又は遺贈により財産を取得しなければ，この贈与財産価額の加算はありません。

109

第7章 3 相続税の総額の計算

1 相続税の総額計算の流れ

相続税の総額は，次の手順で計算することになります。

(1) 課税遺産総額の計算

各相続人の課税価格を合計して課税価格の合計額を算定し，そこから遺産に係る基礎控除額を控除して課税遺産総額を計算します。

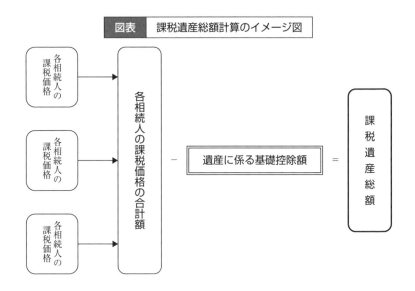

図表　課税遺産総額計算のイメージ図

(2) 課税遺産総額を法定相続分での按分

課税遺産総額を，法定相続人が法定相続分とおりに取得したと仮定して取得財産額を計算します。

第7章 相続税額の計算の流れ

| 図表 | 法定相続人の法定相続分に応じた財産額計算のイメージ図 |

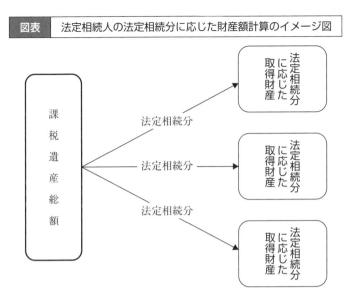

(3) 相続税の総額の計算

　法定相続分のとおりの取得財産額に応じた各相続人の相続税額を計算し，各相続人の相続税額を合計して相続税の総額を算出します。

| 図表 | 相続税の総額計算のイメージ図 |

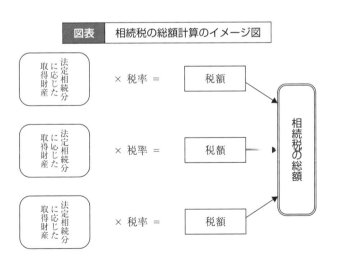

2 遺産に係る基礎控除額の計算

(1) 遺産に係る基礎控除額の計算

遺産に係る基礎控除額は，次の算式により計算した金額です。

〈遺産に係る基礎控除額の計算式〉

> 遺産に係る基礎控除額＝3,000万円＋（600万円×法定相続人の数）

(2) 「法定相続人の数」とは

法定相続人の数とは，相続の放棄があった場合には，その放棄がなかったものとした場合の法定相続人の数をいいます。また被相続人に養子がいる場合に「法定相続人の数」に含める養子の数については，次のそれぞれに掲げる人数までとなります。

① 被相続人に実子がいる場合には1人

② 被相続人に実子がいない場合には2人

3 相続税の総額の計算

相続税の総額の計算は，課税遺産総額を「法定相続人」が「法定相続分」により取得したものとして各取得金額を計算し，各取得金額に税率を乗じて計算した金額を合計して，「相続税の総額」を算定することになります。

この計算は，相続税の課税方式として特殊な方式で，日本でしか採用されていません。この方式は，遺産の金額と法定相続人の数が同じであれば，相続税の総額が同じになる方式で，その点では公平であるといえますが，例えば1億円の遺産を取得した相続人でも，遺産の総額や法定相続人の数が違うと相続税額が違うことになり，その点では公平とはいいがたい計算方式です。

このような計算方式が採用されていることが影響して，相続税の申告書は，共同相続人が連名で申告する形式になっています。

各相続人の相続税額の計算

1 相続税の総額のあん分

　相続税の総額が計算されたら，次に各相続人の相続税額を計算します。

　各相続人の相続税額は，相続税の総額に各相続人の実際の取得財産に応じた割合（あん分割合）を乗じて計算されます。このあん分割合は，次の算式により計算されます。

〈あん分割合の計算〉

$$\frac{\text{各相続人の課税価格}}{\text{課税価格の合計額}} = \text{あん分割合}$$

図表　相続税額計算のイメージ図

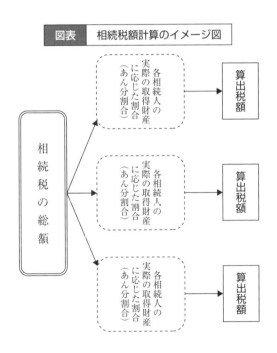

2 各相続人の納付すべき相続税額の計算

各相続人について，あん分割合に応じた算出税額が計算されたら，その算出税額についてさらに税額の調整を行い，最終的な納付すべき相続税額を計算します。

なお税額の調整の項目は次の図のとおりです。

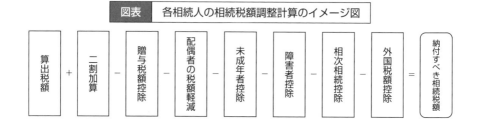

図表　各相続人の相続税額調整計算のイメージ図

(1) 二割加算

二割加算とは，被相続人の一親等の血族（代襲相続人は含まれます）又は配偶者以外の者が相続財産を取得した場合には，算出税額の二割を加算した額を納付すべき税額とする制度です。

これは例えば被相続人が子を越えて孫に財産を遺贈する場合には，相続税の課税を1回免れることになるため，1回免れることに対する加算額です。

(3) 暦年課税贈与に係る贈与税額控除

相続等により財産を取得した者が，相続開始前3年以内に被相続人から贈与を受けていた場合におけるその贈与財産の価額は，上記 2 4 のとおり相続税の課税価格に加算されますが，その贈与の際納付した贈与税がある場合には，二重課税の排除のため，その贈与税額は相続税の算出税額から控除されます。この控除が贈与税額控除です。

(3) 配偶者に対する相続税額の軽減

配偶者に対する相続税額の軽減とは，配偶者が取得した相続財産について，その課税価格が，合計額のうち配偶者に係る法定相続分相当額までである場合，又は，1億6,000万円以下である場合には，配偶者の税額を控除して，相続税額が算出され

第7章　相続税額の計算の流れ

ないようにする制度のことです。

　この制度は，被相続人の生前の遺産の維持形成に対する配偶者の貢献等を考慮して設けられた制度です。

(4)　未成年者控除

　未成年者控除とは，相続等により財産を取得した者が，被相続人の法定相続人であり，かつ，未成年者である場合には，満20歳に達するまでの年数につき，1年あたり10万円を乗じた金額を，その者の算出税額から控除する制度です。

　なお，令和4年（2022年）4月1日以後の相続税については，民法の改正により成年年齢が引下げられて，「満20歳に達するまでの年数」を「満18歳に達するまでの年数」に改正されます。

(5)　障害者控除

　障害者控除とは，相続等により財産を取得した者が，被相続人の法定相続人であり，かつ，85歳未満の障害者である場合には，満85歳に達するまでの年数につき，1年につき10万円（特別障害者は20万円）を乗じた金額を，その者の算出税額から控除する制度です。

(6)　相次相続控除

　相次相続控除とは，10年間で2回以上相続があり相続税が課せられる場合には，前回の相続における相続税額の一定割合相当額を，次の相続における相続税額から控除する制度です。

　この制度は，同一の財産について，短期間に2回以上相続税が課税されることに対する負担の軽減を目的とした制度です。

(7)　外国税額控除

　外国税額控除とは，国外財産に対して外国の法令により相続税と同様の税が課せられた場合には，国際間の二重課税の排除の目的から，その課せられた相続税と同様の税に相当する金額をその者の算出税額から控除する制度です。

115

第8章

納税方法の検討

　第6章で遺産分割が整い相続財産の取得者が決まり，第7章の相続税計算の流れに沿って相続税額を計算し，相続税額が算出されたら，次に納税資金の準備（納税方法の検討）になります。

　相続税は相続開始から10か月以内に申告して納税も行わなければならない税金で，その納付方法は，金銭による一時の納付が原則です。しかし財産に課税する相続税の特殊性を考慮して，納税方法も金銭納付だけではなく，要件に合えば分割で納税する方法（延納）や，相続財産（物）で納税する方法（物納）が用意されています。

　第8章では，この相続税の納税方法について説明します。

第8章 1 相続財産の確認

　分割案の作成時に検討を進めることではありますが，相続人ごとに相続財産の中の換金性の高い財産で納税できるかを検討します。

　換金性の高い財産とは，具体的には，次の財産になります。

・金融機関に預けている預貯金（普通預金，定期預金など）

・証券会社で取引している金融資産（上場株式，公社債，証券投資信託など）

・死亡保険金，退職手当金，生命保険金等における解約返戻金など

・貴金属

・すぐに換金できそうな書画，骨董

・ゴルフ会員権，レジャークラブの会員権

　これらの財産は，一部の相続人に偏らせないで，各相続人の相続税の納税を考慮した財産分割を行うべきでしょう。

第8章 納税方法の検討

| 第8章 | 2 | 納税方法の検討（財産の売却） |

　換金性の高い財産を換金しても納税資金が準備できないこともあります。この場合には，不動産のように換金性の低い財産の売却も検討することになります。

　この売却により資金を準備する場合には，「売却までに時間がかかる点」及び「売却により所得税が発生する点」，さらに「相続税額の取得費加算の特例」の適用が留意すべき点です。

1　売却に時間がかかる点

　相続税の申告，納税の期限は，相続発生から10か月後で，この期限までの相続税額を現金で納付するのが原則です。

　しかし相続税は，一般的に相続財産の調査や相続人の確認などから始まり，財産評価を行って相続税の総額が計算される税であるため，税額の概算額が算定されるまでに時間がかかる税です。

　さらにその概算額が算出された後に納税資金を検討することになるため，財産売却の検討は，相続発生からかなり時間がたってからの検討になるのが一般的です。

　相続財産の概要を把握した段階で，換金性の高い財産が少ない場合には，不動産の売却のことも視野に入れて，早い段階から相続人と検討すべきです。

2　所得税が発生する点

　所得税における譲渡所得は，「譲渡価額」から「取得費＋譲渡費用」を控除して計算されます。

　この計算は，相続により取得した財産を売却する場合でも同様です。そのため所得税が発生する場合には，相続税の納税資金だけではなく所得税の納税資金も検討することになります。

　なおこの譲渡所得の計算上，譲渡した財産の「取得費」がポイントとなりますが，この「取得費」は，被相続人がその財産を買い入れたときの購入代金や購入手数料

119

などとなります。そのため被相続人が購入した際の取得費がわかる資料を探さなければなりません。

　もし被相続人の取得費が不明である場合には，「譲渡価額の5％」の概算取得費を使用して計算することになりますが，この計算の場合，必ず所得税が生ずることになりますので，相続税の納税資金の検討をする上で注意が必要です。

③　相続税額の取得費加算の特例について

　相続財産を譲渡する場合には，その財産に課税された相続税額に相当する金額を，譲渡所得の計算上控除できる特例があり，この特例の適用も，納税資金準備の検討上留意すべき特例です。

　なお，この特例の概要は次のとおりです。

①　特例の概要

　相続税額の取得費加算の規定は，相続により取得した土地，建物等の財産を，一定期間内に譲渡した場合に，相続税額のうち一定金額を譲渡資産の取得費に加算することができる特例です。この取得費に一定金額を加算することにより，取得費を増加させ，譲渡所得を少なくすることにより所得税額を少なくすることができます。

　なお一定期間とは，相続開始のあった日の翌日から相続税の申告期限の翌日以後3年を経過する日まで期間です。

②　特例の要件

　相続税額の取得費加算の特例を適用するための要件は，次の要件です。

　イ　相続や遺贈により財産を取得した者であること。

　ロ　その財産を取得した人に相続税が課税されていること。

③　取得費に加算する額

　取得費に加算する相続税額は，次の算式で計算した金額となります。

〈算式〉

$$\text{取得費に加算する相続税額} = \text{その者の相続税額} \times \frac{\text{その者の相続税の課税価格の計算の基礎とされた譲渡した財産の価格}}{\text{その者の相続税の課税価格} + \text{その者の債務控除額}}$$

第8章 3 納税方法の検討（延納・物納）

　相続税の納税は，金銭による一時の納付が原則であることは前述のとおりです。

　しかし財産に課税する相続税の性格を考慮し，特例的に延納による納付，物納による納付が認められています。ただ延納又は物納を適用するためには，延納又は物納の許可を受けることになり，その許可を受けるためには，次に示す要件を満たす必要があります。

　ただ金銭で納付することが困難な場合には，延納や物納も納税方法として検討すべきでしょう。

■ 延納とその要件

① 相続税の延納とは

　延納とは，納期限までに金銭で納付することが困難な場合に，納税義務者の申請により，最長20年の年賦の形式により納付する方法です。

　延納の期間は，取得した相続財産のうちの不動産等の割合によって定められ，5年から最長20年とされています。

② 延納許可の要件

　延納許可の要件は，下記のとおりです。

・納付すべき相続税額が10万円を超えていること

・金銭納付を困難とする事由があること

・必要な担保を提供すること

③ 金銭納付を困難とする理由について

　金銭納付を困難とする理由については，具体的に金銭で納付可能な金額を計算し，その金額を超える金額が，延納対象金額となります。この計算において金銭で納付可能な金額の算定では，相続により取得した預貯金以外に，相続人固有の預貯金等も考慮して計算することになります。

2 物納とその要件

① 相続税の物納とは

物納とは，相続税額を延納によっても納付することが困難な場合に，納税義務者の申請により，相続財産の現物によって納付する方法です。

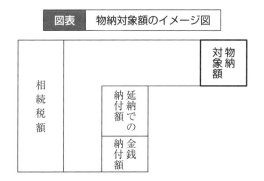

図表　物納対象額のイメージ図

② 物納許可の要件等

物納許可の要件等は，下記のとおりです。

・相続税を延納によっても納付することが困難な事由があること
・申請により税務署長の許可を受けること
・金銭で納付することが困難である金額の限度内であること
・物納できる財産であること

③ 物納できる財産

物納できる財産は，下記のとおりです。

・日本国内にある財産であること
・相続税の課税価格計算に算入された財産であること
・管理処分不適格財産に該当しない財産であること

| 図表 | 物納に充てることができる財産及び順位 |

	物納に充てることができる財産	順 位
イ	国債, 地方債	第1順位
ロ	不動産, 船舶	
ハ	社債, 株式, 証券投資信託又は貸付信託の受益証券	第2順位
ニ	動産	第3順位

④ 管理処分不適格財産とは

　管理処分不適格財産とは, 次のような財産です (相令18)。

<不動産>
　・担保権が設定されている不動産
　・権利の帰属について争いがある不動産
　・境界が明らかでない土地
　・公道に通じない土地で通行権の内容が明確でないもの　等

<株券>
　・譲渡制限株式
　・質権その他の担保権の目的となっている株式
　・権利の帰属について争いがある株式　等

<上記以外の財産>
　・財産の性質が, 上記に定める財産に準ずる状況のもの

第9章

相続税申告書の記載及び添付書類等に関する留意点

　遺産分割が整い相続財産の取得者が決まり，相続税計算の流れに沿って相続税額を計算し，相続税額が算出され，納税方法も決まったら，最終的な申告書を作成して申告手続きを進めることになります。

　第9章では，具体的な申告書の記載方法について説明し，相続税の申告書に添付すべき一般的な書類についても説明します。

<table>
<tr><td>第
9
章</td><td>1</td><td>相続税申告書の記載上の留意点</td></tr>
</table>

相続税の申告書には，課税価格，相続税の総額及びその計算に関する事項，被相続人の氏名及び死亡時の住所，納税義務者の氏名，住所などを記載する（相規13）とともに，被相続人の死亡の時における財産及び債務，被相続人から相続人又は受遺者が相続又は遺贈により取得した財産又は承継した債務の各人ごとの明細等を記載した明細書を添付（相規16）しなければなりません。

上記の記載事項も考慮して，相続税の申告書は「第1表」から「第15表」に分かれています。またさらに「第○表の2」や「付表」まで細分化されており，記載も複雑です。

しかし相続税の申告に対して，この全ての申告書を使用するわけではなく，相続開始前3年以内の贈与や相続時精算課税贈与，各種の納税猶予の適用が生じない申告であれば，使用する申告書も限られてきます。

そこで一般的に使用される申告書の記載上の注意点について，下記のとおり説明します。

■ 第1表「相続税の申告書」，第1表（続）「相続税の申告書（続）」

第1表，第1表（続）は，相続税の申告書の中でメインとなる申告書であり，各相続人等の税額の記載があり，各相続人等が捺印する書類です。

この申告書の記載上の注意点は，次のとおりです。

(1)　被相続人の氏名が記載される欄について

まず第1表の左の欄は，被相続人の氏名（フリガナ），生年月日，住所，電話番号，職業を記載する箇所があり，その下には課税価格の総額や相続税の総額，各種税額控除の合計額，納付すべき税額の合計額を記載する欄となります。この合計額とは，その欄の右の欄又は第1表（続）の欄に記載されている各相続人等のそれぞれの金額を合計した金額となります。

126

第9章　相続税申告書の記載及び添付書類等に関する留意点

⑵　各相続人等の「あん分割合」を記載する欄について

　相続税の総額を，各相続人等の取得財産の割合であん分する「あん分割合」については，小数点以下10位まで記載が可能ですが，小数点以下2位未満の端数があるときは，全員の割合の合計が1.00になるように小数点以下2位未満の端数を調整して記入してもかまいません。しかし，「あん分割合」を正確に算出して，各相続人等の算出税額を精緻に算出する場合には，記載できる限度である小数点以下10位未満で調整します。

② 　第2表「相続税の総額の計算書」

　第2表は，課税価格の合計額から，遺産に係る基礎控除額を控除して，課税遺産総額を算出し，その課税遺産総額を基に相続税の総額を計算する申告書です。

　この申告書の注意点は，遺産に係る基礎控除額の計算です。

　遺産に係る基礎控除額の計算は，「3,000万円＋600万円×法定相続人の数」ですが，この法定相続人の数について次の注意が必要です。

　遺産に係る基礎控除額の計算上「法定相続人の数」は，相続の放棄をした人があっても，その放棄がないとした場合の相続人の数となります。また被相続人に養子がある場合には，「法定相続人の数」に含める養子の数については，次のそれぞれに掲げる人数までとなります。

　①　被相続人に実子がある場合　1人
　②　被相続人に実子がない場合　2人

③ 　第5表「配偶者の税額軽減額の計算」

　「配偶者の税額軽減額」の特例は，被相続人の財産形成に対する配偶者の貢献を考慮して，配偶者の法定相続分相当額又は1億6,000万円までは相続税額を無税にする規定です。この「配偶者の税額軽減額」の特例の対象となる取得財産は，分割財産であり，未分割財産は含まれません。

　そのため，申告期限までには遺産分割を終わらせ，「配偶者の税額軽減額」の特例を適用し，相続税額が軽減できるよう，相続人にアドバイスしましょう。

127

なおやむを得ず未分割となった場合には「配偶者の税額軽減額」の適用はできないため、期限内申告の際は、配偶者も納税することになります。しかし、「申告期限後3年以内の分割見込書」を提出して、3年以内に分割が整えば、その分割後において「配偶者の税額軽減額」特例の適用は可能となります。

この場合、配偶者は、一度納税した税額の還付を受ける手続き（更正の請求）を行うことになります。

4 第7表「相次相続控除額の計算書」

相次相続控除とは、今回の相続開始前10年以内に被相続人が相続等によって財産を取得し相続税が課せられた場合には、その被相続人から相続等によって財産を取得した相続人の相続税額から一定の金額を控除する制度です。

この相次相続控除の対象者には、相続の放棄をした人や相続権を失った人は含まれません。例えば相続の放棄をした人や相続権を失った人が生命保険金等を取得した場合、相続税の課税が生じますが、相次相続控除の適用はありません。

申告書の記載には、前回の相続の情報を記載するため、前回の申告書を準備して作成するようにしましょう。

5 第9表「生命保険金などの明細書」、第10表「退職手当金などの明細書」

生命保険金や退職手当金には、一定金額まで非課税となる規定があります。

この生命保険金の非課税規定は、生命保険制度を通じて貯蓄増進を図る目的のほか、被相続人の死後における相続人の生活安定のための社会的見地から設けられた規定です。

また、退職手当金の非課税規定も、被相続人の死後における相続人の生活安定のため設けられた規定です。

生命保険金や退職手当金の非課税金額の計算は、「500万円×法定相続人の数」ですが、この場合の法定相続人の数は、上記 2 「第2表「相続税の総額の計算書」」で説明した法定相続人の数と同様です。

第9章　相続税申告書の記載及び添付書類等に関する留意点

　しかし，受け取った生命保険金や退職手当金から非課税額が控除できる相続人等は，相続の放棄をした人や相続権を失った人は除かれ，上記の法定相続人の数の算定と違いがあるため注意が必要です。

6　第11表「相続税がかかる財産の明細書」

　第11表は，相続税の申告書の中でも，中心となる申告書で，被相続人の財産の内容，金額及び分割が確定した財産の取得者を記載する明細書です。

　なおこの第11表の記載事項である被相続人の死亡の時における財産の種類，数量，価額及び所在場所の明細については，法定記載事項（相規16①二）であるため，正確な記載が必要となります。

　この申告書の財産の明細部分の「種類」「細目」「利用区分，銘柄等」のところには，財産ごとに下記の表の内容を記載することになります（国税庁：「相続税の申告のしかた　平成30年分用」より（一部省略））。

| 図表 | 第11表の記載項目等 |

種類	細　目	利用区分，銘柄等
土地	田	自用地，貸付地，賃借権（耕作権），永小作権の別
	畑	
	宅地	自用地（事業用，居住用，その他），貸宅地，貸家建付地，借地権（事業用，居住用，その他）などの別
家屋	家屋（構造・用途），構築物	家屋については自用家屋，貸家の別，構築物については駐車場，養魚池，広告塔などの別
事業（農業）用財産	機械，器具，農機具，その他の減価償却資産	機械，器具，農機具，自動車，船舶などについてはその名称と年式，牛馬等についてはその用途と年齢，果樹についてはその樹種と樹齢，営業権についてはその事業の種目と商号など
	商品，製品，半製品，原材料，農産物等	商品，製品，半製品，原材料，農産物等の別に，その合計額を「価額」欄に記入
	売掛金	
	その他の財産	電話加入権，受取手形，その他その財産の名称。なお，電話加入権については，その加入局と電話番号
有価証券	特定同族会社の株式，出資（配当還元方式によったもの）	その銘柄
	特定同族会社の株式，出資（その他の方式によったもの）	
	上記以外の株式，出資	
	公債，社債	
	証券投資信託，貸付信託の受益証券	
現金，預貯金等		現金，普通預金，当座預金，定期預金，通常貯金，定額貯金，定期積金，金銭信託などの別
家庭用財産		その名称と銘柄
その他の財産（利益）	生命保険金等	－
	退職手当金等	－
	その他	1　事業に関係のない自動車，特許権，著作権，電話加入権，貸付金，未収配当金，未収家賃，書画・骨とうなどの別 2　自動車についてはその名称と年式，電話加入権についてはその加入局と電話番号，書画・骨とうなどについてはその名称と作者名など 3　相続や遺贈によって取得したものとみなされる財産（生命保険金等及び退職手当金等を除きます。）については，その財産（利益）の内容

第9章　相続税申告書の記載及び添付書類等に関する留意点

７　第11・11の２表の付表１「小規模宅地等についての課税価格の計算明細書」

　小規模宅地等の課税価格の特例の対象となる宅地には「特定居住用宅地等」「特定事業用宅地等」「特定同族会社事業用宅地等」「貸付事業用宅地等」があります。この場合被相続人の所有していた宅地等が複数ある場合には，特例の対象となる宅地等が複数生じる場合があります。

　この小規模宅地等の特例の対象宅地の選択については，選択した宅地等について，特例の対象となり得る宅地等を取得した全ての人の同意が必要となります（措令40の２⑤）。

　上記の同意の具体的な手続きは，「第11・11の２表の付表１「小規模宅地等についての課税価格の計算明細書」」の「１特例の適用にあたっての同意」の箇所に，その宅地等を取得した全ての人の氏名を記入することになります。

　この全員が名前を記入することにより，特例の対象となり得る宅地等を取得した全ての人が「小規模宅地等の明細に記載されている取得者が，小規模宅地等の特例の適用を受けるものとして選択した宅地等が限度面積要件を満たすものであることを確認の上，その取得者が小規模宅地等の特例の適用を受けること」に同意したことになります。

８　第13表「債務及び葬式費用の明細書」

　第13表は，被相続人の死亡時の債務や葬式費用の明細を記載して，その債務や葬式費用の負担者の取得財産額から控除する金額の明細を記載する申告書です。

　なおこの第13表の記載事項である被相続人の死亡の時における債務の債権者別の種類及び金額の明細並びに債権者の氏名又は名称及び住所若しくは居所又は本店若しくは主たる事務所の所在地については，法定記載事項（相規16①三）であるため，正確な記載が必要となります。

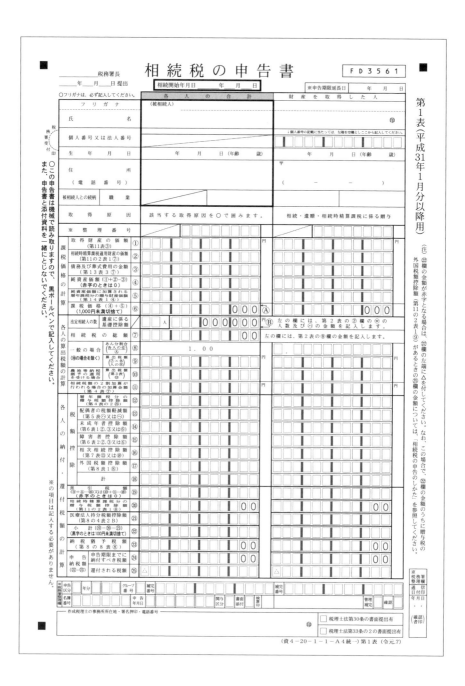

相続税の申告書（続）

FD3562

第1表（続）（平成31年1月分以降用）

○フリガナは、必ず記入してください。

※申告期限延長日　　年　月　日　　　　※申告期限延長日　　年　月　日

	財産を取得した人	財産を取得した人
フ リ ガ ナ		
氏　　　名	㊞	㊞
個人番号又は法人番号	↓個人番号の記載に当たっては、左端を空欄としここから記入してください。	↓個人番号の記載に当たっては、左端を空欄としここから記入してください。
生 年 月 日	年　月　日（年齢　　歳）	年　月　日（年齢　　歳）
住　　　所（電話番号）	〒（　　−　　−　　）	〒（　　−　　−　　）
被相続人との続柄　職業		
取 得 原 因	相続・遺贈・相続時精算課税に係る贈与	相続・遺贈・相続時精算課税に係る贈与
※ 整 理 番 号		

課税価格の計算

取得財産の価額（第11表③）	①	円	円
相続時精算課税適用財産の価額（第11の2表1⑦）	②		
債務及び葬式費用の金額（第13表3⑦）	③		
純資産価額（①+②−③）（赤字のときは0）	④		
純資産価額に加算される暦年課税分の贈与財産価額（第14表1④）	⑤		
課税価格（④+⑤）（1,000円未満切捨て）	⑥	000	000

各人の算出税額の計算

法定相続人の数　遺産に係る基礎控除額			
相続税の総額	⑦		
一般の場合（⑩の場合を除く）	あん分割合（各人の⑥）（各人の⑥） ⑧		
	算出税額（⑦×各⑧） ⑨	円	円
農地等納税猶予の適用を受ける場合	算出税額（第3表⑦） ⑩		
相続税額の2割加算が行われる場合の加算金額（第4表⑦）	⑪	円	円

各人の納付・還付税額の計算

税額控除	暦年課税分の贈与税額控除額（第4表の2⑥）	⑫		
	配偶者の税額軽減額（第5表○又は○）	⑬		
	未成年者控除額（第6表1②、③又は⑥）	⑭		
	障害者控除額（第6表2②、③又は⑥）	⑮		
	相次相続控除額（第7表⑬又は⑱）	⑯		
	外国税額控除額（第8表1⑧）	⑰		
	計	⑱		
差引税額（⑨+⑪−⑱）又は（⑩+⑪−⑱）（赤字のときは0）	⑲		
相続時精算課税分の贈与税額控除額（第11の2表1⑧）	⑳	00	00
医療法人持分税額控除額（第8の4表2B）	㉑		
小計（⑲−⑳−㉑）（黒字のときは100円未満切捨て）	㉒		
納税猶予税額（第8の8表⑧）	㉓	00	00
申告納税額　申告期限までに納付すべき税額（㉒−㉓）	㉔	00	00
	還付される税額	㉕	△	△

（資4−20−2−1−A4統一）第1表（続）（令元.7）

相 続 税 の 総 額 の 計 算 書

被相続人 [　　　　　]

第2表（平成27年分以降用）

この表は、第1表及び第3表の「相続税の総額」の計算のために使用します。

なお、被相続人から相続、遺贈や相続時精算課税に係る贈与によって財産を取得した人のうちに農業相続人がいない場合は、この表の®欄及び⑩欄並びに⑨欄から⑪欄までは記入する必要がありません。

○この表を修正申告書の第2表として使用するときは、④欄には修正申告書第1表の回欄の⑥Ⓐの金額を記入し、®欄には修正申告書第3表の1の回欄の⑥Ⓐの金額を記入します。

① 課税価格の合計額	② 遺産に係る基礎控除額	③ 課税遺産総額
Ⓐ（第1表⑥Ⓐ） 　　　　円 ,000	3,000万円＋（600万円× Ⓑの法定相続人の数 ［　　　人］ ）＝ Ⓒ ［　　　万円］	⊖（⊘−Ⓒ） 　　　　円 ,000
®（第3表⑥Ⓐ） 　　　　,000	回の人数及びⒸの金額を第1表Ⓑへ転記します。	⊗（®−Ⓒ） 　　　　,000

④ 法定相続人 （注）1参照		⑤ 左の法定相続人に応じた法定相続分	第1表の「相続税の総額⑦」の計算		第3表の「相続税の総額⑦」の計算	
氏　名	被相続人との続柄		⑥ 法定相続分に応ずる取得金額 （⊖×⑤）（1,000円未満切捨て）	⑦ 相続税の総額の基となる税額 下の「速算表」で計算します。	⑨ 法定相続分に応ずる取得金額 （⊗×⑤）（1,000円未満切捨て）	⑩ 相続税の総額の基となる税額 下の「速算表」で計算します。
			円 ,000	円	円 ,000	円
			,000		,000	
			,000		,000	
			,000		,000	
			,000		,000	
			,000		,000	
			,000		,000	
			,000		,000	
法定相続人の数 Ⓐ ［　　人］		合計 1	⑧ 相続税の総額 （⑦の合計額）（100円未満切捨て） 　　00		⑪ 相続税の総額 （⑩の合計額）（100円未満切捨て） 　　00	

（注）1　④欄の記入に当たっては、被相続人に養子がある場合や相続の放棄があった場合には、「相続税の申告のしかた」をご覧ください。

2　⑧欄の金額を第1表⑦欄へ転記します。財産を取得した人のうちに農業相続人がいる場合は、⑧欄の金額を第1表⑦欄へ転記するとともに、⑪欄の金額を第3表⑦欄へ転記します。

相 続 税 の 速 算 表

法定相続分に応ずる取得金額	10,000千円以下	30,000千円以下	50,000千円以下	100,000千円以下	200,000千円以下	300,000千円以下	600,000千円以下	600,000千円超
税　率	10%	15%	20%	30%	40%	45%	50%	55%
控　除　額	－ 千円	500千円	2,000千円	7,000千円	17,000千円	27,000千円	42,000千円	72,000千円

この速算表の使用方法は、次のとおりです。

⑥欄の金額×税率－控除額＝⑦欄の税額　　　⑨欄の金額×税率－控除額＝⑩欄の税額

例えば、⑥欄の金額30,000千円に対する税額（⑦欄）は、30,000千円×15％－500千円＝4,000千円です。

○連帯納付義務について

相続税の納税については、各相続人等が相続、遺贈や相続時精算課税に係る贈与により受けた利益の価額を限度として、お互いに連帯して納付しなければならない義務があります。

第2表（令元.7）　　　　　　　　　　　　　　　　　　　　　　　　　　（資4−20−3−A4統一）

第9章 相続税申告書の記載及び添付書類等に関する留意点

配偶者の税額軽減額の計算書

被相続人	

第5表（平成21年4月分以降用）

私は、相続税法第19条の2第1項の規定による配偶者の税額軽減の適用を受けます。

1 一般の場合

（この表は、①被相続人から相続、遺贈や相続時精算課税に係る贈与によって財産を取得した人のうちに農業相続人がいない場合又は②配偶者が農業相続人である場合に記入します。）

課税価格の合計額のうち配偶者の法定相続分相当額

（第1表の④の金額）　［配偶者の法定相続分］

_____,000円 × _____ = _____ 円

上記の金額が16,000万円に満たない場合には、16,000万円

④※ _____ 円

配偶者の税額軽減額を計算する場合の課税価格	分割財産の価額（第11表の配偶者の①の金額）	分割財産の価額から控除する債務及び葬式費用の金額			⑤純資産価額に加算される暦年課税分の贈与財産価額（第1表の配偶者の⑤の金額）	⑥（①−④＋⑤）の金額（⑤の金額より小さいときは⑤の金額）（1,000円未満切捨て）
		②債務及び葬式費用の金額（第1表の配偶者の③の金額）	③未分割財産の価額（第11表の配偶者の②の金額）	④（②−③）の金額（③の金額が②の金額より大きいときは0）		
	円	円	円	円	円	※ _____,000 円

⑦相続税の総額（第1表の⑦の金額）	⑧④の金額と⑥の金額のうちいずれか少ない方の金額	⑨課税価格の合計額（第1表の④の金額）	配偶者の税額軽減の基となる金額（⑦×⑧÷⑨）
円 00	円	円 ,000	円

配偶者の税額軽減の限度額

（第1表の配偶者の⑨又は⑩の金額）（第1表の配偶者の⑫の金額）

⑩ (_____ 円 − _____ 円) _____ 円

配偶者の税額軽減額　（⑩の金額と⑪の金額のうちいずれか少ない方の金額）　⑰ _____ 円

（注）⑰の金額を第1表の配偶者の「配偶者の税額軽減額⑬」欄に転記します。

2 配偶者以外の人が農業相続人である場合

（この表は、被相続人から相続、遺贈や相続時精算課税に係る贈与によって財産を取得した人のうちに農業相続人がいる場合で、かつ、その農業相続人が配偶者以外の場合に記入します。）

課税価格の合計額のうち配偶者の法定相続分相当額

（第3表の④の金額）　［配偶者の法定相続分］

_____,000円 × _____ = _____ 円

上記の金額が16,000万円に満たない場合には、16,000万円

⑫※ _____ 円

配偶者の税額軽減額を計算する場合の課税価格	分割財産の価額（第11表の配偶者の①の金額）	分割財産の価額から控除する債務及び葬式費用の金額			⑮純資産価額に加算される暦年課税分の贈与財産価額（第1表の配偶者の⑤の金額）	⑯（⑪−⑭＋⑮）の金額（⑮の金額より小さいときは⑮の金額）（1,000円未満切捨て）
		⑫債務及び葬式費用の金額（第1表の配偶者の③の金額）	⑬未分割財産の価額（第11表の配偶者の②の金額）	⑭（⑫−⑬）の金額（⑬の金額が⑫の金額より大きいときは0）		
	円	円	円	円	円	※ _____,000 円

⑰相続税の総額（第3表の⑦の金額）	⑱◯の金額と⑯の金額のうちいずれか少ない方の金額	⑲課税価格の合計額（第3表の④の金額）	配偶者の税額軽減の基となる金額（⑰×⑱÷⑲）
円 00	円	円 ,000	円

配偶者の税額軽減の限度額

（第1表の配偶者の⑩の金額）（第1表の配偶者の⑫の金額）

⑳ (_____ 円 − _____ 円) _____ 円

配偶者の税額軽減額　（⑳の金額と◯の金額のうちいずれか少ない方の金額）　◯ _____ 円

（注）◯の金額を第1表の配偶者の「配偶者の税額軽減額⑬」欄に転記します。

※ 相続税法第19条の2第5項（隠蔽又は仮装があった場合の配偶者の相続税額の軽減の不適用）の規定の適用があるときには、「課税価格の合計額のうち配偶者の法定相続分相当額」の（第1表の④の金額）、⑥、⑨、⑨、「課税価格の合計額のうち配偶者の法定相続分相当額」の（第3表の④の金額）、⑭、⑰及び⑲の各欄は、第5表の付表で計算した金額を転記します。

第5表（令元.7）　　　（資4−20−6−1−A4統一）

135

相 次 相 続 控 除 額 の 計 算 書

被相続人 [　　　　　]

第7表（平成21年4月分以降用）

　この表は、被相続人が今回の相続の開始前10年以内に開始した前の相続について、相続税を課税されている場合に記入します。

1　相 次 相 続 控 除 額 の 総 額 の 計 算

前の相続に係る被相続人の氏名	前の相続に係る被相続人と今回の相続に係る被相続人との続柄	前の相続に係る相続税の申告書の提出先
		税務署

① 前 の 相 続 の 年 月 日	② 今 回 の 相 続 の 年 月 日	③ 前の相続から今回の相続までの期間（1年未満切捨て）	④ 10 年 － ③ の 年 数
年　　月　　日	年　　月　　日	年	年

⑤ 被相続人が前の相続の時に取得した純資産価額（相続時精算課税適用財産の価額を含みます。）	⑥ 前の相続の際の被相続人の相続税額	⑦ （⑤－⑥）の金額	⑧ 今回の相続、遺贈や相続時精算課税に係る贈与によって財産を取得した全ての人の純資産価額の合計額（第1表の④の合計金額）
円	円		円

$$\frac{（⑥の相続税額）\qquad 円 \times \frac{（⑧の金額）}{（⑦の金額）}}{} \quad 円 \times \frac{（④の年数）}{10} \frac{年}{年} = \quad \text{相次相続控除額の総額} \quad Ⓐ \qquad 円$$

［この割合が100/100を超えるときは、100/100とします。］

2　各 相 続 人 の 相 次 相 続 控 除 額 の 計 算

(1) 一 般 の 場 合
（この表は、被相続人から相続、遺贈や相続時精算課税に係る贈与によって財産を取得した人のうちに農業相続人がいない場合に、財産を取得した相続人の全ての人が記入します。）

今回の相続の被相続人から財産を取得した相続人の氏名	⑨ 相 次 相 続 控除 額 の 総 額（上記Ⓐの金額）	⑩ 各相続人の純資産価額（第1表の各人の④の金額）	⑪ 相続人以外の人も含めた純資産価額の合計額（第1表の④の各人の合計）	⑫ 各人の⑩ ／ ⑧ の割合	⑬ 各人の相次相続控除額（⑨×各人の⑫の割合）
		円			円
	円		Ⓑ 円		

(2) 相続人のうちに農業相続人がいる場合
（この表は、被相続人から相続、遺贈や相続時精算課税に係る贈与によって財産を取得した人のうちに農業相続人がいる場合に、財産を取得した相続人の全ての人が記入します。）

今回の相続の被相続人から財産を取得した相続人の氏名	⑭ 相 次 相 続 控除 額 の 総 額（上記Ⓐの金額）	⑮ 各相続人の純資産価額（第3表の各人の④の金額）	⑯ 相続人以外の人も含めた純資産価額の合計額（第3表の④の各人の合計）	⑰ 各人の⑮ ／ Ⓒ の割合	⑱ 各人の相次相続控除額（⑭×各人の⑰の割合）
		円			円
	円		Ⓒ 円		

（注）　1　⑥欄の相続税額は、相続時精算課税分の贈与税額控除後の金額をいい、その被相続人が納税猶予の適用を受けていた場合の免除された相続税額並びに延滞税、利子税及び加算税の額は含まれません。
　　　　2　各人の⑬又は⑱欄の金額を第1表のその人の「相次相続控除額⑯」欄に転記します。

第7表（令元.7）　　　　　　　　　　　　　　　　　　　　　　　　　　　　　　　　　　（資4−20−8−A4統一）

第9章　相続税申告書の記載及び添付書類等に関する留意点

生命保険金などの明細書

被相続人 [　　　　　]

第9表（平成21年4月分以降用）

1　相続や遺贈によって取得したものとみなされる保険金など

　この表は、相続人やその他の人が被相続人から相続や遺贈によって取得したものとみなされる生命保険金、損害保険契約の死亡保険金及び特定の生命共済金などを受け取った場合に、その受取金額などを記入します。

保険会社等の所在地	保険会社等の名称	受取年月日	受取金額	受取人の氏名
		・・	円	
		・・		
		・・		
		・・		
		・・		

（注）1　相続人（相続の放棄をした人を除きます。以下同じです。）が受け取った保険金などのうち一定の金額は非課税となりますので、その人は、次の2の該当欄に非課税となる金額と課税される金額とを記入します。
　　　2　相続人以外の人が受け取った保険金などについては、非課税となる金額はありませんので、その人は、その受け取った金額そのままを第11表の「財産の明細」の「価額」の欄に転記します。
　　　3　相続時精算課税適用財産は含まれません。

2　課税される金額の計算

　この表は、被相続人の死亡によって相続人が生命保険金などを受け取った場合に、記入します。

保険金の非課税限度額	（500万円× [　　] 人　第2表の④の法定相続人の数　により計算した金額を右の④に記入します。）		④　　　　　　　　円 ,000,000

保険金などを受け取った相続人の氏名	① 受け取った保険金などの金額	② 非課税金額 $\left(④ × \dfrac{各人の①}{⑧} \right)$	③ 課税金額 （①－②）
	円	円	円
合　　計	⑧		

（注）1　⑧の金額が④の金額より少ないときは、各相続人の①欄の金額がそのまま②欄の非課税金額となりますので、③欄の課税金額は0となります。
　　　2　③欄の金額を第11表の「財産の明細」の「価額」欄に転記します。

第9表（令元.7）

（資4-20-10-A4統一）

退職手当金などの明細書

被相続人 〔　　　　　〕

第10表（平成21年4月分以降用）

1　相続や遺贈によって取得したものとみなされる退職手当金など

この表は、相続人やその他の人が被相続人から相続や遺贈によって取得したものとみなされる退職手当金、功労金、退職給付金などを受け取った場合に、その受取金額などを記入します。

勤務先会社等の所在地	勤務先会社等の名称	受取年月日	退職手当金などの名称	受 取 金 額	受取人の氏名
		・　・		円	
		・　・			
		・　・			
		・　・			
		・　・			

(注)　1　相続人（相続の放棄をした人を除きます。以下同じです。）が受け取った退職手当金などのうち一定の金額は非課税となりますので、その人は、次の2の該当欄に非課税となる金額と課税される金額とを記入します。
　　　2　相続人以外の人が受け取った退職手当金などについては、非課税となる金額はありませんので、その人は、その受け取った金額そのままを第11表の「財産の明細」の「価額」の欄に転記します。

2　課税される金額の計算

この表は、被相続人の死亡によって相続人が退職手当金などを受け取った場合に、記入します。

退職手当金などの非課税限度額	〔第2表のⒶの 法定相続人の数〕（500万円×　　　人）により計算した金額を右のⒶに記入します。		Ⓐ　　　　　　円 ,000,000

退職手当金などを受け取った相続人の氏名	①　受 け 取 っ た 退職手当金 な ど の 金 額	②　非 課 税 金 額 $\left(Ⓐ \times \dfrac{\text{各人の①}}{Ⓑ}\right)$	③　課 税 金 額 （①-②）
	円	円	円
合　　　　計	Ⓑ		

(注)　1　Ⓑの金額がⒶの金額より少ないときは、各相続人の①欄の金額がそのまま②欄の非課税金額となりますので、③欄の課税金額は0となります。
　　　2　③欄の金額を第11表の「財産の明細」の「価額」欄に転記します。

第10表（令元．7）

（資4−20−11−A4統一）

第9章　相続税申告書の記載及び添付書類等に関する留意点

相続税がかかる財産の明細書

（相続時精算課税適用財産を除きます。）

被相続人

第11表（平成31年1月分以降用）

○相続時精算課税適用財産の明細については、この表によらず第11の2表に記載します。

この表は、相続や遺贈によって取得した財産及び相続や遺贈によって取得したものとみなされる財産のうち、相続税のかかるものについての明細を記入します。

遺産の分割状況	区　　　分	1　全　部　分　割	2　一　部　分　割	3　全　部　未　分　割
	分　割　の　日	・　　・	・　　・	・　　・

財　　　産　　　の　　　明　　　細							分割が確定した財産	
種　類	細　目	利用区分、銘柄等	所在場所等	数　量 固定資産税 評価額	単　価 倍　数	価　額	取得した人の 氏　名	取得財産の 価　額
					円	円		円
				円				

合計表	財産を取得した人の氏名		（各人の合計）					
	分割財産の価額	①	円	円	円	円		円
	未分割財産の価額	②						
	各人の取得財産の価額（①＋②）	③						

（注）1　「合計表」の各人の③欄の金額を第1表のその人の「取得財産の価額①」欄に転記します。
　　　2　「財産の明細」の「価額」欄は、財産の細目、種類ごとに小計及び計を付し、最後に合計を付して、それらの金額を第15表の①から㉒までの該当欄に転記します。

第11表（令元.7）

（資4−20−12−1−A4統一）

139

小規模宅地等についての課税価格の計算明細書

FD3547

第11・11の2表の付表1（平成31年1月分以降用）

○この申告書は機械で読み取りますので、黒ボールペンで記入してください。

被相続人	

この表は、小規模宅地等の特例（租税特別措置法第69条の4第1項）の適用を受ける場合に記入します。
なお、被相続人から、相続、遺贈又は相続時精算課税に係る贈与により取得した財産のうちに、「特定計画山林の特例」の対象となり得る財産又は「個人の事業用資産についての相続税の納税猶予及び免除」の対象となり得る宅地等がある場合には、第11・11の2表の付表2を、「特定事業用資産の特例」の対象となり得る財産がある場合には、第11・11の2表の付表2の2を作成します（第11・11の2表の付表2又は付表2の2を作成する場合には、この表の「1 **特例の適用にあたっての同意**」欄の記入を要しません。）。
（注）この表の1又は2の各欄に記入しきれない場合には、第11・11の2表の付表1(続）を使用します。

1 特例の適用にあたっての同意

この欄は、小規模宅地等の特例の対象となり得る宅地等を取得した全ての人が次の内容に同意する場合に、その宅地等を取得した全ての人の氏名を記入します。

私(私たち)は、「2 小規模宅地等の明細」の①欄の取得者が、小規模宅地等の特例の適用を受けるものとして選択した宅地等又はその一部（「2 小規模宅地等の明細」の⑤欄で選択した宅地等）の全てが限度面積要件を満たすものであることを確認の上、その取得者が小規模宅地等の特例の適用を受けることに同意します。

氏名			

（注） 小規模宅地等の特例の対象となり得る宅地等を取得した全ての人の同意がなければ、この特例の適用を受けることはできません。

2 小規模宅地等の明細

この欄は、小規模宅地等の特例の対象となり得る宅地等を取得した人のうち、その特例の適用を受ける人が選択した小規模宅地等の明細等を記載し、相続税の課税価格に算入する価額を計算します。

「小規模宅地等の種類」欄は、選択した小規模宅地等の種類に応じて次の1～4の番号を記入します。
小規模宅地等の種類：1 **特定居住用宅地等**、2 **特定事業用宅地等**、3 **特定同族会社事業用宅地等**、4 **貸付事業用宅地等**

選択した小規模宅地等	小規模宅地等の種類（1～4の番号を記入します。）	① 特例の適用を受ける取得者の氏名〔事業内容〕 ② 所在地番 ③ 取得者の持分に応ずる宅地等の面積 ④ 取得者の持分に応ずる宅地等の価額	⑤ ③のうち小規模宅地等（「限度面積要件」を満たす宅地等）の面積 ⑥ ④のうち小規模宅地等（④×⑤/③）の価額 ⑦ 課税価格の計算に当たって減額される金額（⑥×⑨） ⑧ 課税価格に算入する価額（④－⑦）
	□	① 〔 〕	⑤ ㎡
		②	⑥ 円
		③ ㎡	⑦ 円
		④ 円	⑧ 円
	□	① 〔 〕	⑤ ㎡
		②	⑥ 円
		③ ㎡	⑦ 円
		④ 円	⑧ 円
	□	① 〔 〕	⑤ ㎡
		②	⑥ 円
		③ ㎡	⑦ 円
		④ 円	⑧ 円

（注）1 ①欄の「〔 〕」は、選択した小規模宅地等が被相続人等の事業用宅地等（2、3又は4）である場合に、相続開始の直前にその宅地等の上で行われていた被相続人等の事業について、例えば、飲食サービス業、法律事務所、貸家などのように具体的に記入します。
2 小規模宅地等を選択する一の宅地等が共有である場合又は一の宅地等が貸家建付地である場合において、その評価額の計算上「賃貸割合」が1でないときには、第11・11の2表の付表1（別表1）を作成します。
3 ⑧欄の金額を第11表の「財産の明細」の「価額」欄に転記します。

○ 「限度面積要件」の判定

上記「2 小規模宅地等の明細」の⑤欄で選択した宅地等の全てが限度面積要件を満たすものであることを、この表の各欄を記入することにより判定します。

小規模宅地等の区分	被相続人等の居住用宅地等	被相続人等の事業用宅地等		
小規模宅地等の種類	1 特定居住用宅地等	2 特定事業用宅地等	3 特定同族会社事業用宅地等	4 貸付事業用宅地等
⑨ 減額割合	80/100	80/100	80/100	50/100
⑩ ⑤の小規模宅地等の面積の合計	㎡	㎡	㎡	㎡
⑪ 限度面積 イ 小規模宅地等のうちに4貸付事業用宅地等がない場合	〔1の⑩の面積〕 ≦330㎡	〔2の⑩及び3の⑩の面積の合計〕 ㎡ ≦ 400㎡		
⑪ 限度面積 ロ 小規模宅地等のうちに4貸付事業用宅地等がある場合	〔1の⑩の面積〕 ㎡ × 200/330 ＋	〔2の⑩及び3の⑩の面積の合計〕 ㎡ × 200/400 ＋	〔4の⑩の面積〕 ㎡ ≦ 200㎡	

（注） 限度面積は、小規模宅地等の種類（「4 貸付事業用宅地等」の選択の有無）に応じて、⑪欄（イ又はロ）により判定を行います。「限度面積要件」を満たす場合に限り、この特例の適用を受けることができます。

※この項目は記入する必要がありません。

※税務署整理欄	年分		名簿番号		申告年月日		一連番号		グループ番号		補完	

第11・11の2表の付表1（令元.7）

（資4－20－12－3－1－A4統一）

第9章　相続税申告書の記載及び添付書類等に関する留意点

債務及び葬式費用の明細書

被相続人 _____

第13表（平成30年分以降用）

1　債務の明細 （この表は、被相続人の債務について、その明細と負担する人の氏名及び金額を記入します。）

債　務　の　明　細						負担することが確定した債務	
種　類	細　目	債　権　者		発生年月日	金　額	負担する人の氏名	負担する金　額
		氏名又は名称	住所又は所在地	弁済期限			
				・　・	円		円
				・　・			
				・　・			
				・　・			
				・　・			
				・　・			
				・　・			
				・　・			
				・　・			
				・　・			
合　　　　計							

2　葬式費用の明細 （この表は、被相続人の葬式に要した費用について、その明細と負担する人の氏名及び金額を記入します。）

葬　式　費　用　の　明　細			負担することが確定した葬式費用	
支　払　先		支払年月日	金　額	負担する人の氏名	負担する金　額
氏名又は名称	住所又は所在地				
		・　・	円		円
		・　・			
		・　・			
		・　・			
		・　・			
		・　・			
合　　　　計					

3　債務及び葬式費用の合計額

債務などを承継した人の氏名			（各人の合計）				
債務	負担することが確定した債務	①	円	円	円	円	円
	負担することが確定していない債務	②					
	計（①+②）	③					
葬式費用	負担することが確定した葬式費用	④					
	負担することが確定していない葬式費用	⑤					
	計（④+⑤）	⑥					
合　　　計（③+⑥）		⑦					

（注）1　各人の⑦欄の金額を第1表のその人の「債務及び葬式費用の金額③」欄に転記します。
　　　2　③、⑥及び⑦欄の金額を第15表の㉝、㉟及び㊲欄にそれぞれ転記します。

第13表（令元.7）

（資4−20−14−A4統一）

第9章 2 相続税の申告書に添付する一般的な書類

1 被相続人や相続人，遺産取得に関係する書類

相続税の申告書に添付して提出する主な書類は次のとおりです（相規16③）。

① **次のいずれかの書類**

イ　被相続人の全ての相続人を明らかにする戸籍の謄本（相続開始の日から10日を経過した日以後に作成されたもの）

ロ　図形式の法定相続情報一覧図の写し(注1)（子の続柄が実子又は養子のいずれであるかが分かるように記載されたものに限る）

　なお，被相続人に養子がいる場合には，その養子の戸籍の謄本又は抄本の提出も必要となります。

ハ　イ又はロをコピー機で複写したもの

② **遺言書の写し又は遺産分割協議書の写し**(注2)

③ **相続人全員の印鑑証明書（遺産分割協議書に押印したもの）**(注2)

　　(注)　1　「法定相続情報一覧図の写し」とは，相続登記の促進を目的として，平成29年5月から全国の法務局で運用を開始した「法定相続情報証明制度」を利用することで交付を受けることができる証明書のことで，戸籍に基づいて，法定相続人が誰であるかを登記官が証明したものです。

　　　　　2　②及び③の書類については，提出が定められていませんが提出するのが一般的です（なおお配偶者の税額軽減適用時，小規模宅地等の課税価格の特例適用時には必要になる書類である）。

2 財産の評価額に関する明細書の添付

相続税の課税価格の計算上，財産評価を行っている財産があると思われますが，例えば次の財産に対する評価を行った際の評価の明細書も，相続税の申告書に添付します。

財　産	評価明細書
土地（借地権）	土地及び土地の上に存する権利の評価明細書
上場株式	上場株式の評価明細書
同族会社株式	取引相場のない株式（出資）の評価明細書
一般的な動産	一般動産及び船舶の評価明細書

　なお評価明細書ではありませんが，家屋の評価であれば「固定資産税評価証明書」や，またその家屋が貸家であれば，「建物賃貸借契約書の写し」など，評価で必要となった資料は添付すべきでしょう。

| 第9章 | **3** | **特例適用のための添付書類** |

1 配偶者の税額軽減特例

　配偶者の税額軽減の適用については，相続又は遺贈により取得することが確定した相続財産について適用されることから，次の証明書等を添付することが必要です（相法19の2③，相規1の6③）。

①　**2 1**①に掲げる書類

②　遺言書の写し又は遺産分割協議書の写し（相続人等が自署されている協議書）

③　相続人全員の印鑑証明書（遺産分割協議書に押印したもの）

④　その他生命保険金や退職金の支払い通知書などの財産の取得状況の分かる書類

　なお申告期限内に分割ができない場合には，申告期限後3年以内の分割見込書を提出することになります。

2 小規模宅地等の課税価格の特例

　小規模宅地等の課税価格の特例については，その対象となる宅地が「特定居住用宅地等」「特定事業用宅地等」「特定同族会社事業用宅地等」「貸付事業用宅地等」と区分されているため，添付書類も各特例対象宅地の区分に応じ違っています。

　具体的には，次の書類が添付書類となります。

(1) 全体に共通する添付書類

①　**2 1**①に掲げる書類

②　遺言書の写し又は遺産分割協議書の写し

③　相続人全員の印鑑証明書（遺産分割協議書に押印したもの）

　なお申告期限内に分割ができない場合には，申告期限後3年以内の分割見込書を提出することになります。

第9章　相続税申告書の記載及び添付書類等に関する留意点

(2)　特定居住用宅地等に関する添付書類

①　特例の適用を受ける宅地等を自己の居住の用に供していることを明らかにする書類（特例の適用を受ける人がマイナンバー（個人番号）を有する場合には提出不要）

②　被相続人の親族で，相続開始前3年以内に自己等が所有する家屋に居住したことがないことなどの要件を満たす人が，被相続人の居住の用に供されていた宅地等について特例の適用を受ける場合は下記の書類等

　イ　平成30年3月31日以前の相続又は遺贈により取得した宅地等である場合

　　(イ)　相続開始前3年以内における住所又は居所を明らかにする書類（特例の適用を受ける人がマイナンバー（個人番号）を有する場合には提出不要）

　　(ロ)　相続開始前3年以内に居住していた家屋が，自己又は自己の配偶者の所有する家屋以外の家屋である旨を証する書類

　ロ　平成30年4月1日以後の相続又は遺贈により取得した宅地等である場合

　　(イ)　相続開始前3年以内における住所又は居所を明らかにする書類（特例の適用を受ける人がマイナンバー（個人番号）を有する場合には提出不要）

　　(ロ)　相続開始前3年以内に居住していた家屋が，自己，自己の配偶者，三親等内の親族又は特別の関係がある一定の法人の所有する家屋以外の家屋である旨を証する書類

　　(ハ)　相続開始の時において自己の居住している家屋を相続開始前のいずれの時においても所有していたことがないことを証する書類

③　被相続人が養護老人ホーム等に入居又は入所していた場合で，被相続人の居住の用に供されていた宅地等について特例の適用を受ける場合は，下記の書類等

　　(イ)　相続の開始の日以後に作成された被相続人の戸籍の附票の写し

　　(ロ)　被保険者証の写し又は障害福祉サービス受給者証の写し等で，被相続人が相続の開始の直前において，要介護認定若しくは要支援認定を受けていたことなどを明らかにするもの

(3)　特定事業用宅地等に関する添付書類

一定の郵便局舎の敷地の用に供されている宅地等の場合には，相続の開始の日以

後5年以上その郵便局舎の敷地の用に供する見込みであることについて，総務大臣が証明した証明書

(4) 特定同族会社事業用宅地等に関する添付書類

①　特例の対象となる法人の定款（相続開始の時に効力を有するものに限る）の写し

②　特例の対象となる法人の相続開始の直前における発行済株式の総数又は出資の総額及び被相続人及び被相続人の親族その他特別の関係がある者が有するその法人の株式の総数又は出資の総額を記載した書類（特例の対象となる法人が証明したものに限る）

(5) 貸付事業用宅地等に関する添付書類

　平成30年4月1日以後の相続又は遺贈により取得した宅地等である場合で，貸付事業用宅地等が相続開始前3年以内に新たに被相続人等の特定貸付事業の用に供されたものであるときには，被相続人等が相続開始の日まで3年を超えて特定貸付事業を行っていたことを明らかにする書類

第9章　相続税申告書の記載及び添付書類等に関する留意点

第9章 4 納税手続きである延納，物納の申請のための添付書類

　納税手続きである延納，物納の申請は，相続税の申告期限までに提出することになるため，相続税の申告時に，一緒に準備することになる書類です。

　延納，物納申請時の添付書類は，下記のとおりです。

1 延　　納

　相続税の延納申請時に必要な書類は次の書類です。

①　延納申請書

②　金銭納付を困難とする理由書

③　担保目録及び担保提供書

④　不動産等の財産の明細書

　担保提供をするのが土地の場合には，担保関係書類として次の書類も必要になります。

・登記事項証明書（登記簿謄本）

・固定資産評価証明書など土地の評価の明細

・抵当権設定に必要な書類を提出する旨の申出書

2 物　　納

　相続税の物納申請時に必要な書類は次の書類です。

①　物納申請書

②　金銭納付を困難とする理由書

③　物納財産目録

④　物納手続関係書類（登記事項証明書，公図，所在図その他必要な書類）

147

第10章

相続税に関する事前準備と申告後の対応

　第9章までで相続税申告の一通りの話をしてきましたが，第10章は現状の相続税を試算するなどの「相続税に対する事前の準備」や，「申告後の対応」を説明します。

　事前準備は，現時点での相続税額の試算等で，申告後の対応は，二次相続の準備，税務調査の対応などです。

第10章	1	相続税における事前準備

　相続税は相続が開始して初めて生ずる税です。このことは，いつ生ずるか事前にはわからない税であるといえます。しかし，現時点でどの程度の税額が生ずるかの予想はできる税であり，この予想が大切です。

　相続税の事前準備は，現時点の税額を把握することから始まります。

１　現時点での相続税額の試算を行う

　まずは相続税の総額はいくらになるかを試算します。この試算を行って，相続人に概算税額を伝え，相続税に対する意識を持ってもらうことも目的の１つです。

　また試算を行うことによって，試算時点での財産評価の検討や，特例の適用を検討することになるため，現時点で評価減額になっていない，または特例適用ができないなど，今後検討を進める上でのポイントが発見できる場合もあります。

　さらに，納税資金の準備を行うための検討資料にもなり，今後の検討の元となる資料になりますので，必ず相続税額を試算して，現状を把握しておくべきです。

２　相続税の評価等課税対策を検討・準備する

　上記 **１** の試算をすることによって，財産評価に関する確認や特例適用が可能か否かの検討のポイントが見えてくることは上記の説明のとおりです。

　そこで各ポイントについて，それぞれ次の確認を行うことになります。

(1)　財産評価に関する確認

　財産評価に関する確認では，次のような点に気付く場合があり，そのことにより事前に検討を進めることができます。

　　①　土地の貸家建付地評価において，賃貸されていない部屋が多く，賃貸割合が低くなり，十分に貸家建付地評価がとれていない宅地について，賃貸割合を上げる（空室を減らす）アドバイスを行うことにより，事前に対応を検討するこ

とができます。

② 取引相場のない株式の評価において，類似業種比準価額の計算上，評価会社の比準要素数が1または0の場合には，類似業種比準価額は適用できず，純資産価額評価となります。一般的には類似業種比準価額が低く計算されますが，その類似業種比準価額が適用できないと，評価額が高くなるため，比準要素数1または0とならないよう事前に検討することになります。

なお，比準要素数1の会社は，納税義務者の選択により，類似業種比準価額を25％考慮した評価額計算をすることができますが，やはり評価額は高くなる傾向にあるので，上記の検討が必要になると思われます。

(2) 特例適用に関する確認

土地の課税価額の特例である「小規模宅地等の課税価額の特例」については，すべての相続人が適用対象となるわけではありません。

そこでどのような相続人が適用対象になるかを伝え，適用対象者がいるか等を事前に検討し，現在適用対象者がいない場合でも，今後適用対象者が設定できるかを事前に検討します。

(3) その他の確認

上記の他生前贈与についても，次のような点での検討が必要になる場合もあります。

① 相続税の対象となる方が若い場合は，相続人への暦年課税贈与による生前贈与の活用も，相続財産を減らす上では有効です。例えば暦年課税贈与の基礎控除110万円を20年適用すれば，2,200万円の財産が贈与できることになり，これだけでも大きな財産移転となります。

しかし，財産額に対する贈与税の割合が，その財産にかかる相続税の割合より低い場合に有効な手段となるので，相続税の試算における税額の割合も算出して比較しておく必要があります。

② 贈与税の非課税制度である，子への住宅取得等資金の贈与，配偶者への住宅の贈与などについて，この特例制度による贈与が，相続開始前3年以内に該当しても相続税の計算に加算されないため，相続財産を減らすことができる点で，

151

制度の利用を検討することもあると思われます。

③ 相続税の納税資金対策を検討・準備する

上記 ① の試算をすることによって，財産構成が把握できます。この財産構成の把握は，納税資金準備の検討の際必要となる情報です。

相続税額の試算によって必要な納税資金が見えてくると思われますが，その納税資金準備を検討する上で，次の順序で検討すべきでしょう。

(1) 相続財産のうち換金性の高い財産の確認

相続財産の中には，預貯金や上場有価証券のように，現預金そのものや現預金に換金しやすい財産もあれば，同族会社の株式や不動産のように，現預金に換金しづらい財産もあります。

試算された相続税の金額が，預貯金や上場有価証券の合計額以内であれば，納税資金として足りていることになりますが，相続税額がその合計額を超える場合には，足りない納税額について，さらに資金準備を検討することになります。

(2) 保険金の金額の確認

死亡保険金の金額は，預貯金等の相続財産とは違いますが，被相続人の死亡に伴って支給を受けるもので，換金性の高い財産に含めて考えられるものです。そこで納税資金を検討する上で，死亡保険金も考慮して検討することになるため，死亡保険金の金額を確認しておきます。

なお，保険金受取人が決められている保険金は，その受取人の個別的な相続税額に対する納税資金となりますが，他の相続人の納税資金にはならないことも考慮して，検討を進める必要が有ります。

(3) 相続財産のうち処分（売却）可能財産を選別しておく

換金性の高い財産額や保険金額の確認が進み，その金額でも納税資金としては足りない場合，次に考えることは，財産の処分です。

ただ財産の処分といっても処分しやすい財産もあれば，処分しづらい財産もあり

ます。そのため事前に処分可能財産と，処分不可の財産に区別して，処分可能財産
については，例えば土地であれば測量や境界の確定，駐車場用地への転換など，さ
らに処分しやすくするための工夫を施しておきます。

なお，処分可能財産でも，その財産から生ずる毎年の利益が高額な場合には，処
分をせずにその利益を維持することも，処分対象財産の区分の検討要素に入ると思
われます。そこで各財産が生み出す利益も把握した上で検討します。

また，相続財産を譲渡すれば，譲渡所得が生ずる可能性もあり，所得税等の納税
も必要となることも忘れないようにしておきます。ただ相続税額の取得費加算の特
例が適用できることも考慮して検討しましょう。

(4) 相続人の自己資金

相続税は，相続財産の中から納税するものではなく，相続財産が換金性の低い財
産で，納税資金として利用できない場合には，相続人の自己資金を使ってでも納税
することになります。そのため納税資金の検討においては，相続人の自己の現預金
も考慮して検討することになります。

(5) 延納，物納の事前検討

相続財産が換金性の低い財産で，納税資金として利用できない場合において，相
続人の自己資金を使っても納税することが難しい場合には，延納や物納を検討する
ことになります。

この場合延納・物納の要件には，「金銭で納付することを困難とする事由がある
場合」の要件があり，さらに延納では「担保の提供」の要件が，また物納において
は物納財産が「管理処分不適格財産」に該当しないことの要件があるため，事前検
討時にはこの点の確認も必要です。

４　遺言作成の税務面での注意点

遺言書の作成における民法上の一般的な注意点については，遺言の種類によって
様々ありますが，税務面での注意点は下記のとおりです。

(1)　遺言対象者が配偶者の場合の注意点

　配偶者は，法定相続分または1億6,000万円までは相続税額が生じません。この特例規定を無視して配偶者にすべての財産を遺贈した場合，配偶者において相続税額が生ずることになり，さらに二次相続に対する検討が必要となります。

　被相続人が意図して配偶者にすべての財産を遺贈するのであれば，その意思を尊重すべきですが，そうでない場合には，好ましい遺言とはいえないと思われます。

(2)　小規模宅地の課税価額の特例についての注意点

　小規模宅地の課税価額の特例は，その宅地についての要件もありますが，取得する相続人に対する要件もあります。小規模宅地の課税価額の特例が適用できる宅地については，特例が適用できる相続人が取得するよう遺言に記載しますが，特例が適用できない相続人に取得させるような遺言の場合，節税の面からは好ましい遺言とはいえないため注意が必要です。

5　事前に引き出した資金について

　銀行預金等の預金者が死亡すると，銀行の口座が凍結されて，被相続人の預金が引き出せなくなります。そのため死期が近づいている方について，事前に預金口座から資金を引き出して，死後の葬式費用やその他の支払いに利用することがあります。

　事前に資金を引き出すことについては，その後の支払い準備のためであれば，悪いこととはいえません。しかし事前に引き出された資金が，死亡時にいくら残っていたかが重要なこととなります。

　そのため，事前に引き出された資金については出納帳などにより，引き出し金額，支払い使われた金額，その後の残高を記録しておくことを，相続人にアドバイスしておくべきです。

第10章　相続税に関する事前準備と申告後の対応

| 第10章 | **2** | # 相続税の申告後の対応 |

◯1 税務調査対応

　相続税の税務調査は，法人税や所得税における所得額の確認ではなく，財産の申告漏れの確認が中心となります。そのため，申告時の財産調査と同様の確認が行われます。この場合相続人のうち税務調査の対応を誰がするかも含めて，次の事項について確認や検討が必要です。

(1)　調査の時期や調査の連絡について

　相続税の税務調査は，おおよそ申告をしてから1年後の時期にあるといわれていますが，近年では1年半から2年後の時期になることもあるようです。

　この税務調査の連絡については，「税務代理権限証書」において，「調査の通知に関する同意」の項目に同意する旨のチェックがされていれば，調査の連絡（事前通知）は委任を受けた税理士にされることになります。そのため，相続人の負担にならないように，「調査の通知に関する同意」の項目に同意する旨のチェックがされている「税務代理権限証書」を提出するようにしておく必要があると思われます。

　なお，相続人が複数いる場合には，その全員から上記の同意を受けておきます。

(2)　調査の場所や資料の保管場所の確認

　相続税の税務調査の場所としては，被相続人の自宅で税務調査を受けるのが一般的です。

　調査場所として自宅を選ばれるのは，他に適切な場所がない場合もありますが，被相続人の生活ぶりを確認する目的もあります。

　また調査官は自宅で預金通帳等の貴重品が保管されている場所（例えば金庫）を確認することが多くあります。これは申告漏れにつながる資料等が保管されていないかを確認するためです。そのため，金庫の中や通帳が保管されていたタンスの中などは，相続人が事前に確認しておくべきです。

155

⑶ 調査に同席する相続人の確認

　相続税の税務調査では，被相続人の生前の生い立ちなどが確認されます。そのため被相続人のことを若い頃から知っている配偶者が調査に同席して，生い立ちを説明することが多くあります。しかし配偶者がいない場合もあれば，配偶者も高齢で，長い時間税務調査に対応することが難しいこともあります。この場合には子供である相続人のうち代表となる方が配偶者の方と一緒に同席し，対応することが多くあります。

　このように相続人の中で誰が税務調査に同席するかは，事前に確認しておきます。また被相続人の生い立ちについても，税務調査の前に思い出しておいた方がよいと思われます。

　なお，被相続人が病気等で最後は動けない状況であった場合，死亡直前に預金からお金が引き出されていれば，相続人の誰かが銀行手続きを行ったはずです。このように，被相続人から依頼を受けて銀行手続きを行っていた相続人については，その引き出したお金の使い道等の確認がされることになるため，その相続人は調査に同席して，お金の使い道等を説明する方がよいと思われます。

⑷ 相続人の財産形成の確認

　相続税の税務調査では，被相続人のことを確認されるのは当然ですが，相続人やその子供のことも確認されます。この確認の目的は，相続人の財産形成過程を確認するためです。

　例えば「相続人の自宅購入資金のうち，被相続人からの資金援助はあったか」「相続人の子供の学費について，被相続人からの援助はないか」などの確認です。

　この被相続人から援助された資金については，一般的には贈与を受けたことになるでしょう。しかし相続人が資金を借りたと説明した場合，相続人に贈与課税はありませんが被相続人の相続財産（貸付金）となるため，事前に答え方について検討しておきましょう。

⑸ 準備資料の確認

　相続税の申告に際しては，基礎的な資料（通帳や残高証明，保険金の明細等）は相続人の方から預かって確認しますが，評価については税理士が資料収集も含めて

第10章　相続税に関する事前準備と申告後の対応

行うことになります。そのため基礎的な資料の準備は相続人の方にお願いすることになりますが，評価に関係する資料については税理士が準備することになるでしょう。

　なお税理士としては，税務調査の前に再度評価関係資料に目を通し，評価の考え方を確認しておきます。また，土地の評価を鑑定評価で行うなど，財産評価基本通達の計算方法以外の評価をした場合，その評価を行った合理的な理由を求められることが多くあります。そのため，合理的な理由が説明できるよう準備しましょう。

(6)　貸金庫の確認

　被相続人が貸金庫を利用していた場合，税務調査において，銀行で貸金庫の中身を確認されることが多くあります。そのため，貸金庫の中にどのようなものが入っているかは，当初の財産調査時に確認しておきます。

　また，貸金庫が開けられる相続人に調査に同席してもらい，調査官の指示により貸金庫の確認時に貸金庫を開けて，調査に協力することになるでしょう。

2　二次相続にかかる対応

　被相続人が死亡して配偶者に財産が移転した場合，配偶者も被相続人と同世代であるため，相続人は近い将来の配偶者の相続が心配になるものです。

　そこで，上記「**1** 相続税における事前準備」の「**1** 現時点での相続税額の試算」を行い，二次相続における納税額や納税資金の検討をさらに進めることになります。

　なおこの場合，一次相続において配偶者に税額が生じていれば，10年以内に生ずる二次相続では，相次相続控除が適用できますが，一次相続において配偶者に税額が生ずることが少ないことと，10年以内に死亡することを前提に検討を進めることが適切でない点から，相次相続控除については相続税額の試算では考慮しにくいものであるため慎重な対応が必要でしょう。

157

■ 最 後 に

相続税の申告案件（事前の検討も含む）は，税理士という専門家を知らない相続人からの依頼も多い案件です。そのため大切なのは第1章で説明したとおり，「依頼者を含めた相続人との信頼関係の構築」です。

この信頼関係は，相続人と何度もお会いして，相続人の疑問や不安を聞き，疑問点に対する丁寧な説明や，不安な点の解消策の検討などの対応から構築されてくるものであると思われます。そのため積極的に相続人と会う機会を設け，被相続人や相続人に関する様々な話を聞くよう努めます。

著者紹介

鹿志村 裕（かしむら　ゆたか）

昭和38年茨城県生まれ。昭和61年学校法人大原学園税理士課講師，平成2年熊谷安弘税理士事務所（現税理士法人熊谷事務所）入所，平成4年税理士登録。現在，東京税理士会日本税務会計学会税法部門常任委員，登録政治資金監査人。

【主要著書】

『税理士が図解式で書いた事業承継のしくみ』右山研究グループ編　中央経済社
『会社清算の税務』税理士法人熊谷事務所編　税務経理協会
『社内規程等の作成と改定』税理士法人熊谷事務所編　清文社

著者との契約により検印省略

令和元年11月1日　初　版　発　行

イチからはじめる
相続税実務の基礎

著　者	鹿　志　村	裕
発 行 者	大　坪　克	行
印 刷 所	美研プリンティング株式会社	
製 本 所	牧製本印刷株式会社	

発 行 所　〒161-0033　東京都新宿区
　　　　　下落合2丁目5番13号

株式
会社 **税務経理協会**

振　替　00190-2-187408
ＦＡＸ（03）3565-3391

電話（03）3953-3301（編集部）
　　　（03）3953-3325（営業部）

URL　http://www.zeikei.co.jp/
乱丁・落丁の場合は，お取替えいたします。

© 鹿志村裕　2019

Printed in Japan

本書の無断複写は著作権法上での例外を除き禁じられています。複写される場合は，そのつど事前に，(社)出版者著作権管理機構（電話 03-3513-6969，FAX 03-3513-6979，e-mail：info@jcopy.or.jp）の許諾を得てください。

JCOPY ＜(社)出版者著作権管理機構 委託出版物＞

ISBN978-4-419-06643-7　C3032